동영상으로 쉽게 이해하는

유아국악교육

정 유 나

창지사

머리말

많은 국악인과 유아교육인이 유아를 대상으로 한 국악교육의 필요성을 느끼고 예비 유아교사를 위한 교재를 개발하였습니다. 국악인은 국악 전공기술이 풍부하므로 그 기술을 기반으로 한 프로그램을, 유아교육인은 국악기술보다는 유아의 발달에 초점을 맞춘 기존 유아교수법으로 국악의 내용을 전달하는 프로그램을 개발하였습니다. 따라서 국악인이 개발한 프로그램은 국악기술에 대한 배움이 없는 일반 유아교육과 학생들에게는 어렵고, 유아교육인이 개발한 프로그램은 국악에 대한 정보적 지식이 얕아 문화적 겉핥기에 그치는 한계가 있었습니다. 이러한 이유로 유아교육과 국악을 공부하고 유아교육 현장에 있었으며 현재는 영유아 교사와 원장의 교육을 진행하는 연수원 교수로서 유아국악교육 교재 개발에 대한 목표의식을 갖고 교재를 개발하게 되었습니다. 아이코리아 교육연수개발원 연구원으로서 교구 및 교수자료 개발을 하며 얻은 노하우를 바탕으로 활용할 수 있는 유아국악교육에 활용할 수 있는 내용도 함께 수록하였습니다.

본 교재는 유아교사들에게 익숙한 생활주제별로 정리되어 있지 않습니다. 그 이유는 유아국악교육을 지도할 수 있는 기본적인 국악이론과 실기의 내용을 주별로 균등하게 안배하는 것이 더 효율적이기 때문입니다. 예를 들어, 교통기관, 환경, 안전에 해당하는 전통 국악의 내용이 부족해 무리하게 창작국악동요를 수록하여 억지로 주제를 채울 소지가 있기 때문입니다. 그리하여 국악 내용을 생활주제에 억지로 끼워 맞추기보다는 꼭 알아야 할 국악이론과 실기를 주별로 구성하였습니다.

이 교재 개발을 위해 지도해 주신 진정한 나의 스승 조윤미 선생님께 감사드립니다. “모자란 제자에게 지적하시기보다는 격려로 이끌어 주신 나의 스승님, 감사합니다.” 또한, 내가 배우고 자랄 수 있도록 배움과 기회를 준 이화여자대학교와 고려대학교 교수님과 선후배님들께 감사드립니다. 내가 진정 하고 싶은 일에 대해 깊게 고민할 수 있도록 질문해 주신 방은정 선배님, 좋은 아이디어를 함께 나누고 현실적인 적용을 위해 조언을 아끼지 않았던 고마운 이현주 선배님과 아이코리아 교육연수개발원 연구원 동료들에게도 감사드립니다. 학생들과 다양한 도전을 할 수 있도록 지원해 주신 연성대학교 김지영, 곽아정, 김유화 교수님께도 감사드립니다. 힘든 박사과정 중에 나를 격려해 준 고마운 동생 서정연, 이경희, 여러분이 곁에 없었다면 새로운 환경에 적응하기 쉽지 않았을 것 입니다. 그리고 배운 내용을 찾아가며 국악교육계획안을 수정하던 숭의여자대학교, 연성대학교, 오산대학교 유아교육과 수강생들. 여러분의 노력을 보며 안주하던 나를 깨울 수 있었습니다. 감사합니다. 이 땅에 나를 있게 해 주신 하나님 아버지, 정대희, 강영희 님과 동생 일이라면 열일 마다하지 않는 정종훈 오빠에게 감사합니다.

마지막으로, 유아들에게 적합한지의 여부를 끊임없이 실행하며 체크해 주었던 나의 보석 김민지, 김예지, 김민우, 김태현과 지지와 지적을 함께해 준 나의 짝꿍 김준형, 말 안 듣는 며느리 때문에 속 좀 타셨을 김순덕 여사님께 깊이 감사드립니다.

2016. 8

정유나

차 례

CD 목록

교재사용방법

① 15장으로 구성되어 있으므로 한 주에 1장씩 공부하면 된다.

중간고사를 제외하고 15주차 교수안으로 구성하였다. 각 장에는 국악이론과 국악실기가 고루 들어가도록 계획하였다. 이처럼 정적인 수업 형태인 이론과 동적인 수업형태인 실기가 거의 반씩 안배되어 지루하지 않게 학습할 수 있다. 3시수 동안 교수할 수 있는 학습량으로 매주 차 내용을 구성하였다.

② 워크숍으로 진행할 수 있도록 토의 및 연습과제를 상자 안에 묶어 제시하였다.

이론과 실기 활동을 통해 스스로 터득할 수 있도록 과제를 제시하였다. 국악에 대한 배경 지식과 사전 경험의 차이가 많이 나는 경우, 스스로 보충하며 이해하는 과정이 필요하다. 따라서 토의과제를 통해 국악에 대한 정보적 지식을 검색하여 이해하거나 잘 아는 친구가 잘 모르는 친구에게 자신이 이해한 국악에 대해 알려줄 수 있도록 한다. 이 과제를 하는 시간이 교수에게는, 학생들이 답을 잘 찾아가는 과정을 살필 수 있는 기회가 되기도 하며 도움이 필요한 모둠을 찾아가 개인별로 지도해 줄 수 있는 시간이 되기도 한다.

예

☞ 연습해 보자!

인터넷 검색창에 〈북천이 맑다하되〉를 검색해 동영상으로 감상하며 화음의 아름다움과 절제미를 감상해 본다. 음악에 맞춰 좌우로 몸을 흔들며 어울리는 박자를 몸으로 느껴본다. 박자를 느끼며 스카프를 흔들어 볼 수 있다. 아래는 〈북천이 맑다하되〉의 노래가사의 일부이다.

③ 예비 유아교사들이 이해하기 쉽도록 좋은 음원과 동영상으로 안내하였다.

국악에의 흥미를 북돋워 주기 위해 시청각 자료인 좋은 음원과 동영상의 인터넷 주소를 다음과 같이 친절하게 안내하였다.

예 ☞ 검색엔진 〉 국악방송 〉 국악방송 〉 자료공간 〉 우리 민요 반주 음악 〉 남도 민요 진도아리랑

④ 동영상, 반주음원을 CD에 담아 제공하였다.

체조나 춤사위 동작은 정지된 그림이나 사진만으로는 실제로 구현하는 데 어려움이 있다. 따라서 정지된 사진 외에 동영상을 CD로 제공하여 쉽게 따라 할 수 있도록 하였다. 창작국악동요의 경우, 쉽게 따라부를 수 있도록 낮은음으로 녹음된 피아노반주-C key와 국악기의 표현을 잘 느낄 수 있는 높은음의 반주를 모두 수록하였다.

⑤ 예비 유아교사들이 쉽게 따라 할 수 있도록 국악교육계획안을 수록하였다.

유아교수법에 부합하는 국악교육계획안을 제공하여 활동을 재현해 보고 다음 차시에 지도할 응용활동을 교사 스스로 구상해 볼 수 있도록 하였다. 교육계획안에는 수행에 어려움이 없도록 준비물을 제시하고 사진을 예시로 들어 이해를 도왔다. 수록된 교안들은 저자가 지난 십여 년간 대학에서 유아국악 강의 시 학생들과 실제 수행해 본 교안이므로 무난하게 수업할 수 있을 것이다.

⑥ 전통놀이 교구제작 방법을 넣었다.

아이코리아에서 교재 및 교구를 개발한 경험을 바탕으로 쉽게 전통놀이 교구를 제작하여 활용하는 방법을 수록하였다. 교사 및 부모가 유아와 함께 조형활동해 볼 수 있도록 실제 제작과정을 사진과 함께 제시하였다.

강의계획안(15주)

주차	강의내용	준비물
1	■ 교재사용방법 및 강의계획 안내 ■ 폴리아티스트 ■ 국악의 정의 ■ 유아국악교육의 필요성 및 의의	– 강의계획안 – 인터넷 연결 · 동영상 시청 가능한 컴퓨터 시스템
2	■ 국악의 특징 ■ 국악 기악곡의 형식 ■ 장구 부호 ■ 정간보 읽는 방법 ■ 박자에 맞는 장단 선택 방법	–인터넷 연결 · 동영상 시청 가능한 컴퓨터 시스템 – 교사, 학생용 장구와 장구채 –정간보, 장구, 부호 제작 재료(1주 전에 미리 공지)
3	■ 국악의 역사 ■ 국립국악원 소개 및 안내	– 인터넷 연결 · 동영상 시청 가능한 컴퓨터 시스템 – 교사, 학생용 장구와 장구채
4	■ 국악 성악곡의 형식 ■ 창작국악동요 / 전래동요 ■ 정가 / 판소리 ■ 시김새	– 인터넷 연결 · 동영상 시청 가능한 컴퓨터 시스템 – 교사, 학생용 장구와 장구채
5	■ 유아 마당극의 이론 ■ 유아 마당극의 실제	– 인터넷 연결 · 동영상 시청 가능한 컴퓨터 시스템 – 교사, 학생용 장구와 장구채
6	■ 유네스코 ■ 유네스코에 등재된 한국의 인류무형 문화유산	– 인터넷 연결 · 동영상 시청 가능한 컴퓨터 시스템 – 컴퓨터실(인터넷 자료검색 가능)
7	■ 장구의 명칭 ■ 장구의 구조 ■ 유아용 장구춤 ■ 발장단 판	– 인터넷 연결 · 동영상 시청 가능한 컴퓨터 시스템 – 교사, 학생용 장구와 장구채, 끈이나 붕대(장구춤용) – 발장단 판 제작 재료(1주 전에 미리 공지)
8	■ 중간고사 –장구 실기– ■ 크로스오버 국악 감상 ※ 중간고사 대체 가능	– (중간고사 시) 매트, 장구와 채, 뽑기통, CD 플레이어, 캠코더, 체크리스트 – (수업 시) 인터넷 연결 · 동영상 시청 가능한 컴퓨터 시스템

주차	강의내용	준비물
9	■ 별달거리 소개 ■ 별달거리 구음 ■ 별달거리 사물합주	– 인터넷 연결 · 동영상 시청 가능한 컴퓨터 시스템 – 교사, 학생용 사물악기와 채
10	■ 국악기의 종류 ■ 음률영역 비치용 국악기 만들기	– 인터넷 연결 · 동영상 시청 가능한 컴퓨터 시스템 – 국악기 제작 재료(1주 전에 미리 공지)
11	■ 전통놀이 교구 만들기 ■ 전통놀이의 날	– 전통놀이 교구 제작 재료(1주 전에 미리 공지)
12	■ 한국 무용의 종류 ■ 진도아리랑 체조 ■ 지전춤 ■ 탈춤 ■ 모방춤 ■ 한글 모방춤	– 인터넷 연결 · 동영상 시청 가능한 컴퓨터 시스템 – 교사, 학생용 장구와 장구 채 – 지전 제작 재료(1주 전에 미리 공지) – 한삼, 학생 복장은 검정색 상·하의 착용 (1주 전에 미리 공지)
13	■ 실기 복습 ■ 북 난타	녹화 D–14
14	■ 역할 배분 및 준비 ■ 이야기가 있는 창작국악동요	녹화 D–7
15	■ 실기 영상 녹화 ■ 새 노래 지도용 국악 교수자료 제작	녹화 D–day – 캠코더

1주차

- ❖ 교재사용방법 및 강의계획 안내(10~13P 참조)
- ❖ 폴리아티스트
- ❖ 국악의 정의
- ❖ 유아국악교육의 필요성 및 의의

폴리아티스트

할리우드에서 효과음의 전설로 불리던 잭 폴리(Jack Foley)의 이름을 따서 효과음향제작자를 '폴리아티스트'라 부른다. 잭 폴리(1891~1967)는 1930년대부터 할리우드 영화에서 효과음을 만들어왔고 발소리만으로 캐릭터를 표현해 내는 천재적인 재능으로 인정받은 인물이다. 1990년대까지, 우리나라에서는 폴리아티스트를 '효과맨', '음향효과'라고 불렀다. 이는 폴리아티스트가 하는 다양한 표현내용을 축소하여 부르는 명칭이었다. 2000년대에 들어오면서, 해외의 선진 폴리 기술이 도입되고 폴리아티스트를 전문직으로 인정하면서 '폴리아티스트'란 직업명으로 부르기 시작하였다. 이처럼 폴리아티스트는 불리던 명칭만 바뀌었을 뿐, 기존에 없던 전혀 새로운 직업군은 아니다(강옥구, 1999).

일의 특성상, 폴리아티스트는 창조적이고 다양한 아이디어를 요구하는 직업이다. 보통, 여러 소품을 활용해 음향효과에 필요한 다양한 소리를 만들어 내지만, 걷거나 뛰는 등의 소리는 직접 그와 같은 행동을 직접 하며 녹음하거나 여러 소리를 혼합해 만들어 낸다. 굳이 현장음으로 주변 소리를 녹음하지 않는 이유는 실제 영화 촬영을 하면서 주변 음향들을 중복하여 녹음하게 되면 주변 음과 목소리 간의 음향 밸런스를 조절하기 어렵기 때문이다. 예를 들어, 여러 소리가 혼재된 상태로 녹음하게 되면 주변 소리의 음향은 줄이고 연기자의 목소리 음향을 키우는 것과 같은 세부 음향 조절을 하기 어렵다. 이런 작업과정은 과거의 무성영화 작업방식과 동일하며 영상만 촬영하고 나중에 목소리를 입히는 방식이다. 하지만 단순히 소리를 잘 만들어 낸다고 해서 훌륭한 폴리아티스트는 아니다. 훌륭한 폴리아티스트는 영화의 전체적인 콘셉트를 이해하고 영화 안에서 연기자의 감정적 혹은 행동적 상황을 분석해 그에 맞는 소리를 창조해야 한다. 발소리를 예를 들어 보면, 모든 상황에서 나는 발소리가 각기 다르다. 분노한 상태에서의 발소리, 슬픈 상태에서의 발소리는 박자, 세기 면에서 차이가 있기 때문에 주인공의 감정을 잘 파악하여 감정적, 환경적 상황 등에 맞는 발소리를 만들어야 한다. 또한 실제 나는 소리는 아니지만 영화 속 이미지를 극대화하기 위하여 과장된 소리를 창조할 때도 있다. 예를 들어, 비둘기가 날아가는 날갯짓 소리는 실제 비둘기 소리가 아니라, 폴리아티스트가 군복을 입고 겨드랑이 사이에 손을 넣어 군복을 치대어 나는 소리이다. 이처럼 머릿속에 있는 추상적인 소리를 귀에 들리는 구체적인 소리로 표현하고 구현해 내는 일이 바로 폴리아티스트가 하는 일이다(고용노동부 워크넷, 2013).

☞ 검색엔진 〉 폴리아티스트 〉 [톡톡! 직업이 보인다] 소리를 연기한다, 폴리아티스트(2013-09-12): EBS

국악의 정의

- 국악의 사전적 의미는 '그 나라의 음악'이다. 보통 우리는 국악을 음악의 한 장르로 이해하고 있다. 이는 국악의 좁은 의미이다. 음악을 더 충만하게 느끼기 위해서 통합적인 의미로 이해해야 한다. 특히 국악은 음악만을 따로 떼어 보기보다는 넓은 의미의 국악으로 이해해야 한다. 넓은 의미의 국악은 악(악기연주), 가(노래), 무(무용·몸짓)를 모두 아우른다. 대부분의 국악은 악기연주, 노래와 춤사위를 모두 포함하고 있다. 이와 같은 맥락에서, 대다수의 유아 전통음률 프로그램은 악, 가, 무를 아우르는 넓은 의미로서의 국악 활동으로 구성되어 있다(조윤미, 2004).

유아국악교육의 필요성 및 의의

- 유아들이 전통문화에 대한 자긍심을 갖고 우리 음악을 이해하며 한국인으로서의 정체성을 찾아가는 것이야말로 21세기를 살아갈 세계인이 되는 것이다. 우리 문화에 대한 올바른 가치관을 갖게 하기 위해서는 유아기부터 국악의 음악적 요소와 특징적인 표현법들에 대해 알고 경험해 친숙해지도록 교육해야 한다.

- '음악은 만국 공통어'라는 말이 있다. 이는, 음악은 노랫말을 알아듣지 못하더라도 선율이나 가수의 노래표현을 들으면 슬픈지, 기쁜지와 같은 감정을 고스란히 느낄 수 있는 뜻이다. 그러나 저자는 이 말에 전적으로는 동의할 수 없다. 장르에 따라서 어떤 음악은 전혀 이해가 되지 않을 뿐만 아니라, 진심으로 즐길 수가 없기 때문이다. 음악의 창작 배경, 작곡자의 창작 동기, 악곡의 특징, 악상기호를 표현한 악기연

주법 등과 같이, 그 음악에 대해 알아야 음악을 충분히 만끽할 수 있다. 익숙한 음악일수록, 음악에 대한 경험이 풍부할수록 그 음악이 더 친밀하게 느껴지고 나아가 그 음악에 대해 더 알고자 하는 의지를 갖게 된다. 그러므로 어린 유아시기에, 국악에 대한 직·간접적인 경험을 하고 국악에 대한 정보적 지식도 습득해야 한다. 먼저, 음악을 알아야 비로소 즐길 수 있게 된다.

- 한 개인이 국가 구성원으로서, 국가를 사랑하고 믿으며 일체감을 느끼는 상태를 '국가정체성'이라 한다(이안태, 2007). 국가정체성은 한 국가의 국민들을 결속시키는 유대감으로, 애국심, 국가에 대한 소속감, 충성심, 민족주의 등과 유사한 의미이다. 내가 속한 국가에서 만들어지고 내려오는 문화의 우수성을 알며 그 국가에 속한 나에 대해 자긍심을 느끼면서 국가정체성을 함양할 수 있다. 인간의 정체성 습득을 위해 유아들에게 익숙한 소재인 '음악'으로 국가정체성 교육을 해야 한다. 유아를 둘러싸고 있는 국가와 문화가치체계를 경험함으로써 역으로, 자신의 존재를 확인할 수 있게 된다.

- 유아교사들은 유아에게 국악교육이 필요하다고 느끼고는 있으나 정작 직접 국악을 지도하는 데 어려움을 토로하고 있다. 유아교사들이 국악의 기술을 단시간에 습득하기에는 무리가 있으며 현장에 시판되거나 배포된 유아국악 관련, 교수자료가 없어 유아들에게 국악을 지도하기 어렵다(문화관광부, 2005). 무엇보다 교사 스스로가 국악을 알고 국악에 익숙해야 교육해 보고자 하는 의지가 생길 텐데 앞서의 응답을 보면, 현직 교사들 중에 국악의 진정한 멋을 알고 느끼는 이가 과연 많지 않았으리라 하는 추측이 가능하다. 교사들이 국악에 흥을 느끼느냐 아니냐의 문제 이전에, 교사들로 하여금 국악에 관심 갖게 하는 것이 먼저이다. 이에, 교사들이 가진 국악에 대한 선입견을 깨는 일이 필요하다.

- 우리가 갖고 있는 국악에 대한 편견은 무엇인가?

첫째, 국악은 노랫말이 들리지 않아 감상이 어렵다.
수업장학을 갔을 때의 경험이다. 교사는 유아들에게 판소리를 들려주며 "애들아, 눈을 감고 들어보자. (일정 시간이 지난 후) 어떤 노랫말이 들렸니?"라고 물어봤다. 판소리는 국악가창의 특징상, 국악 전공자가 들어도 판소리 대목의 노랫말을 일일이 공부하지 않으면 노랫말이 잘 들리지 않는다. 그 이유는 판소리의 가사발음법 때문이다. 판소리는 민요나 잡가와 같이, 가사를 소리 나는 대로 발음한다. 어단성장(語短聲長)이라 하여, 낱말은 될 수 있는 대로 붙여 발음하고 끝소리를 길게 부르도록 하여 가사의 발음은 음가(音價) 하나하나가 완전히 살아나도록 발음하는 것을 원칙으로 한다(최종민, 2001). 그러나 정작 판소리 가사 중, '가슴'은 '가삼'으로 발음하고 '–에'나 '–의'는 '–으'나 '–어'로 발음한다. 판소리에는 사투리나 사자성어가 포함되어 있다. 또한, 소리꾼은 국악적 표현(시김새)을 중요하다고 생각하기 때문에 노랫말의 발음 정확성에 덜 치중하게 된다. 현대인들은 옛날 사람들과 달리, 대중가요와 같았던 판소리의 가사를 외우고 있지 않아서 한국어임에도 불구하고 재미있게 감상할 수가 없다. 이야기를 모르면서까지 잘 모르는 음악장르를 참고 들어줄 친절한 대중을 기대하는 것은 무리가 있다.

앞의 일화에서, 교사의 어리석은 질문에 대한 유아의 현명한 대답은 "노랫말이 잘 들리지 않아요."이다. 이제, 유아의 현명한 답변에 교사는 "맞아. 아주 열심히 들었구나! 옛날의 판소리는 무대에서 마이크를 대고 노래 부르는 게 아니기 때문에, 소리를 멀리 보내기 위해 '아' 입 모양에서 입술을 많이 여닫지 않고 노래해 정확한 노랫말이 들리지 않는 거란다."라고 이야기해 줄 수 있다.

근래, 신세대 소리꾼들은 노랫말이 잘 들리지 않아 즐기기 어렵다는 관객의 요청을 반영해 판소리 공연 시 자막을 넣거나 발음을 정확히 하는 등의 노력을 기울이고 있다.

☞ 검색엔진 〉 네이버 〉 이몽룡아

둘째, 국악은 유아에게 적합한 노랫말로 되어 있지 않다.

조선시대, 국가 차원에서 궁에 음악기관을 별도로 두어 국악인들을 육성하였다. 그 예로, 궁에서 연주하는 음악과 무용에 관한 일을 담당한 관청인 '장악원'이 있다. 장악원에 소속된 국악인들은 국왕과 왕비의 생일이나 문무과의 전시와 생원, 진사과 급제 발표 시에 전정고취(殿庭鼓吹, 대궐의 뜰에서 연주하는 악대)를 연주하였다. 이러한 궁중음악기관은 조선 일제강점기 때 장악원이 '이왕직아악부'로 개편되면서 일부 이어졌으며, 8·15광복 후에는 '구왕궁아악부'로 바뀌었다가 1951년 국립국악원이 설립되어 지금까지 이어지고 있다.

국립국악원에서는 우리 음악 알리기와 생활화를 위해 생활에 친숙한 창작국악동요를 플래시 동영상으로 제작하여 보급하고 있다. 국립국악원 자료의 장점은 예술전문가 집단이 제작하여 예술성과 음질이 우수하다는 점이다. 또한, 국가에서 지원한 사업이므로 무료 듣기와 무료 다운로드가 가능하다. 전통곡 이외에, 식생활습관 지도, 질서 지도, 배변 훈련 등의 내용을 담은 인성교육 및 영유아 생활지도용 창작국악동요가 실려 있다.

☞ 검색엔진 〉 네이버 〉 응가송 내 똥꼬

셋째, 국악은 유아에게 지도하기에는 비교육적인 내용이 많다.

일반적으로 진도굿에 나오는 지전춤을 유아들에게 교육한다고 하면 유아교사들이 매우 당혹스러워한다. 그 이유는 굿 행위에 대한 미신적 의미를 알고 이에 대한 반감을 갖기 때문이다. 이런 미신적인 행위를 왜 어린 유아들에게 교육해야 하는가에 대한 의구심을 가질 수 있다. 유네스코 세계 무형 문화유산(2016년 현재) 중, 음악이 들어간 문화유산에는 종묘제례, 판소리, 강강술래, 남사당놀이, 영산재, 영동굿, 처용무, 강릉 단오제, 농악가 있다. 이 중, 음악의 유래나 의미에 종교를 비롯한 비교육적인 내용이 들어가지 않은 문화유산은 없다. 남사당놀이의 경우 양반들의 퇴색적이고 문란한 삶을 풍자한 내용이 삽입되어 있다. 종묘제례악은 조선 역대 왕의 신위(神位)를 모시거나 제향에 쓰이는 음악, 즉 제사 음악이다. 영산재는 불교 음악이며 단오제는 산신령과 남녀 수호신들에게 제사를 지내는 강릉지방의 향토 제례 의식이다. 그리고 영동굿은 제주도 해안 마을에서 이루어지고 있는 무속 음악이다.

문화는 말 그대로 '문화'이다. 교사가 유아 시기에 유아가 굳이 알 필요가 없으며 이해하기 어려운 유래와 의미에 대해 교육할 필요가 있을까? 일단, 내가 속한 나라의 다양한 문화에 대해 알아보고 경험하는 것을 1차 교육목표로 설정해 보자. 유아들이 훗날 커서 그 문화를 즐길지 말지는 성인이 된 그들의 몫이다. 유아들이 문화를 경험할 기회조차 박탈하는 것은 옳지 않다.

- 국악을 내 돈 주고 사서 들어 본 대학생이 몇 명이나 될까? 예비 유아교사뿐 아니라, 현직 교사들에게 물어도 그 시큰둥한 대답에는 별반 차이가 없을 것이다. 국악을 듣지 않는 것이 국악의 문제인가, 국악의 가치를 모르는 청자의 문제인가? 국내 한 국악기 연주자가 국내 기획사를 돌아다니며 국악연주 앨범을 내려고 하였다. 그러나 아무도 찾지 않는 국악앨범은 돈이 되지 않는다는 이유로 여러 곳에서 거절당했다. 그러던 중, 일본 공연의 세션(반주자)으로 참여하게 되었다. 일본 공연에서 에너지 넘치는 퓨전 국악곡을 연주했는데, 무대에 설치된 모니터 스피커를 밟고 마치 록음악처럼 터프하게 연주를 했다. 그 모습을 본 일본 기획사 관계자가 일본 활동을 권유해 일본에서 데뷔하게 되었다. 이 일화의 실제 주인공은 '꽃별'이다. 꽃별은 연주자일 뿐 아니라 퓨전 국악곡을 쓰는 신세대 작곡자이기도 하다. 꽃별의 대표곡은 많지만 꽃별이 뉴에이지 음악가로 이름을 알린 것은 2003년 일본에서부터였다. 2003년 일본에서 첫 앨범을 낸 뒤 국내에서도 잇달아 앨범을 내놓았다. 한국의 국악기와 해금 연주자가 현지에서 일으킨 붐은 생각보다 컸다. 중국의 얼후와 비슷하면서도 다른 해금을 일본 대중에게 알린 주인공이다. 꽃별은 "해금은 어느 악기와도 색을 맞춥니다. 공중에 떠 있는 현을 일정한 지판 없이 주물러 내는 소리이기에, 절대음을 지향하지도 않아요. 음이 나가버린 망가진 피아노에도, 아프리카 토착 음악의 이상한 음계에도 잘 어울립니다."라고 말한다(IDEA 팩토리 김성희 기자의 '국악계의 보아'라는 해금 연주가 '꽃별'의 어머니를 인터뷰 중). 현재 꽃별의 음악은 한국공익광고협의회를 비롯하여 국내 유수의 대기업 광고의 배경음악으로 사용되고 있다.

☞ 검색엔진 〉 꽃별 〉 Small Flowers Near By The Road

우리 음악을 사랑하라는 말은 아니다. 적어도 국악을 알아볼 시도를 해 봐야 좋은지 나쁜지에 대해 판단할 수 있지 않겠는가? 내 나라 음악의 우수성을 다른 나라 사람이 먼저 알고 발견한다면 속상하지 않을까. 현재 우리가 듣는 꽃별의 음반 수익의 일부는 음반 기획사인 일본이 가져가고 있다. '나는 과연 국악을 편견 없이 대하고 있는가?'에 대해 진지하게 고민해 봐야 할 것이다.

2주차

- ❖ 국악의 특징
- ❖ 국악 기악곡의 형식
- ❖ 장구 부호
- ❖ 정간보 읽는 방법
- ❖ 박자에 맞는 장단 선택

국악의 특징

① 화성이 아닌 단선율로 되어 있다.

우리나라 음악을 감상하다 보면 서양 음악과 달리, 곡 중간 중간이 비어 있는 듯한 느낌을 받는다. 그림에서도 느낄 수 있는 여백의 미이다. 이는 '음을 내버리면 그 뿐이다'라는 의미가 아니다. 자세히 음악을 들어 보면 음 하나하나에 가치를 두어 밀거나 끌어내리거나 떨어서 음을 꾸미고 있다. 단, 국악기 중에 화음을 내는 악기인 '생황'도 있다.

☞ 검색엔진 〉 생황 〉 두산백과사전, 동영상

국악에 사용되는 음의 조직을 보면, 화성적 조직(homophonic texture)이나 다성적 조직(hyphonic texture)인 것을 찾기 어렵다. 국악은 독창이나 독주, 그리고 제창이나 제주로 연주되는 경우가 많아, 단선율 음악(monophonic texture)이 주를 이룬다. 성부가 꽉 차게 짜여져 있지 않음에도 국악이 매력적인 이유는 여러 국악기가 함께 연주하는 국악합주에서, 각 악기의 특성, 연주자의 개성에 따라 부분적인 장식과 변주가 가능하며 여러 성부가 본질적으로 같은 가락을 연주하면서도 부분적으로는 조금씩 다른 가락을 연주하기 때문이다. 이러한 국악의 짜임새를 이음성 음악(heterophonic texture)이라 한다. 따라서 독창이나 독주를 제외한 대부분의 국악곡은 헤테로포니에 속한다고 하겠다(조윤미, 2010).

② 곡선의 미를 가지고 있다.

서양 음악은 제 음을 정확히 내는 것에 대해 강조하지만, 우리나라 음악은 제 음을 내는 시간보다 음을 서서히 올리거나 서서히 내라는 표현을 중요시한다. 음과 음 사이를 거쳐 가는 음들을 가리켜 '경과음'이라 한다.

서양 음악가들이 간혹 국악을 들으며 음이 잘 안 맞는다고 이야기하는 데 이것은 국악의 특징을 모르고 하는 말이다. 국악의 특징을 바르게 알고 다른 음악의 특징과 비교하는 것이 아니라 내가 알고 있는 음악이 기준인 듯 비판하는 것은 옳지 않다. 이는 내가 하지 않는 다른 음악에 대한 독단이며 편견이다. 양악기와 달리, 국악기의 음은 허공에 대고 연주자의 감으로 만든다. '이 정도 줄의 탄성으로 미루어 보아, 이쯤 힘을 주어 줄을 누르면 그 음이 나더라.'라고 연주자가 미루어 짐작하는 것이다. 단, 이 '미루어 짐작하는 음'은 문자 그대로의 단순한 확률이 아닌, 수많은 훈련과 연습의 결과이다.

③ 요성과 농현이 국악의 주된 표현이다.

서양 음악에도 비브라토나 트릴이라는 떠는 소리를 내는 주법이 있으나, 이는 국악의 요성과 농현과는 다른 개념이다. 서양 음악의 떠는 소리는 음 다음에 하는 부수적인 처치이지만 국악에서는, 떠는 소리 자체가 음악의 매력이며 특징이다. 이는 정확한 음을 내는 것만큼이나 중요하게 여겨진다(조윤미, 2010). 즉, 떠는 소리가 부수적인 장식기법이라기보다는 국악의 질을 좌지우지하는 중요한 요소이다. 교사 중에 유아들에게 "판소리를 감상할 텐데 판소리 안에 어떤 노랫말이 있는지 감상해 보자."라고 하는 경우가 있는데 이는 매우 무리한 요구이다. 판소리를 감상하는 일반 성인과 유아는 노랫말이 잘 들리지 않는 게 당연하다. 여기서 말하는 일반 성인과 유아란 판소리를 본격적으로 배워본 적이 없는 비국악인을 가리킨다.

국악의 노랫말이 잘 들리지 않는 이유는 두 가지이다. 먼저, 국악 발성의 특징 때문이다. 마이크 문화가 없던 옛날, 우리 조상들은 소리를 멀리까지 전달하기 위해 '아' 입 모양에서 입술을 많이 여닫지 않고 발성하였다. 입술을 여닫으면 소리가 막혀 먹먹한 소리가 나기 때문이다. 또 하나의 이유는 농현의 중요성을 강조해서이다. 농현을 장식법의 일종이 아닌 중요 요소라 여기고 입술을 여닫으며 떨다 보니, 입 모양이 변형되어 노랫말이 아닌 다른 소리가 나게 된다. 예를 들어, 아리랑의 '아' 소리를 농현하게 되면 '아 흐'처럼 들린다.

④ 곡에 반복이 많고 동행종지로 끝나는 경우가 많다.

국악은 언제 끝났는지 알기가 쉽지 않다. 국악은 음악시간에 배운 서양곡의 구성과 많이 달라 끝을 모르는 경우도 많지만 서양 음악처럼 지레짐작하여 곡이 끝나는 시점에 맞춰 박수 치기가 쉽지 않다. 그 이유는 국악은 각 장의 끝부분이 반복되는 경우가 많기 때문이다. 특히, 곡의 제목에 '도드리'란 말이 붙으면 반복이 많은 곡이라 이해하면 된다. 순우리말로 '도드리'란 되돌이, 즉 '돌아간다, 반복된다'는 뜻이다.

동행종지란 마지막 끝나는 음과 바로 그 앞의 음이 같은 음으로 끝나는 경우이다. 끝부분에 같은 음이 두 번 반복되는데 이것 때문에 국악은 곡이 계속 진행되는 듯한 느낌이 드는 것이다. 우리가 동행종자를 쉽게 이해할 수 있는 곡이 있는데 바로 〈남생아 놀아라〉이다. 두 줄의 노랫말과 가락이 같으나 마지막 음이 다르다. 곡의 마지막 음이 두 번 반복되며 끝을 맺는다.

☞ 검색엔진 〉 남생아 놀아라 노래방

⑤ 호흡을 박의 기준으로 삼는다.

서양의 박은 맥박을 기준으로 한다. 그러나 국악은 호흡을 박의 기준으로 한다. 서양음악에 비교하여 이야기하자면 국악의 박은 들쭉날쭉하다. 국악 연주자의 호흡이 빨라지면 박이 다소 빨라지기도 하여 메트로놈으로 박을 재면 호흡의 변화에 따라 매번 약간의 차이가 생긴다. 양악 연주자들은 이를 보고 '비과학적인 국악'이라고 비하하기도 한다. 감히 인간의 호흡, 즉 연주하는 사람의 몸 상태에 민감하게 변화하는 한국 박의 개념을 보고 비과학적이라 말할 수 있을까. 라이브 연주를 더 생동감 있게 연주하는 국악이야말로 듣는 감상자를 배려하는 소통의 음악이라고 할 수 있다.

국악 기악곡의 형식

- 대부분의 국악곡은 물레에서 실을 자아내는 듯한 '무한 발전 선율'에 의하여 악곡을 전개하고 있다. 따라서 대비와 대조를 중시하는 서양 음악과는 다른 구조를 지니게 된다. 몇몇 악곡에서는 반복의 원리를 이용하여 악곡의 다양성과 통일성을 꾀하는 구조가 발견되는데 지금까지 알려진 몇 가지 형식을 소개하면 다음과 같다(국립국악원).

환입(還入)형식이란 서양의 다카포(Da capo)와 같은 것으로 악곡의 앞부분을 뒤에서 반복하는 것이다. 반복되는 첫 부분을 변주하여 결국 a–b–c–b의 구조를 지닌다. 또한 〈수제천〉은 4장으로 구성되는데, 1~3장이 조금씩 변형되면서 반복된다. A–A'–A''–B의 닮은꼴로 구성되어 있다.

☞ 검색엔진 〉 상현 도드리

② 모음곡 형식

한 곡의 구성이 여러 악장으로 이뤄져 있는 음악의 형식을 '모음곡'이라고 한다. 예를 들어, 영산회상이 있다. 현도드리–염불도드리–타령–군악으로 이루어진 〈현악영산회상〉이나 진양조–중모리–중중모리–자진모리 등으로 이루어진 산조는 첫 곡이 매우 느리게 시작하여 점차로 한배(tempo, 빠르기)가 빨라지는 구조로 되어 있다. 이러한 현상은 성악곡에서도 발견된다. 〈방아타령과 자진방아타령〉, 〈수심가와 엮음수심가〉, 〈육자배기와 자진육자배기〉는 느린 곡을 먼저 연주하고, 빠른 곡을 뒤에 붙이는 것이 국악의 보편적인 악장 구조로 되어 있다. '자진'과 '엮음'자가 곡의 앞에 붙으면 스타일이 비슷한 곡의 빠르기가 빠른 곡이라고 이해하면 무리가 없다.

양악이 각 악장 간의 대비와 균형을 통하여 형식의 통일성 및 다양성을 꾀하는 데 비해, 국악은 점진적인 변화와 발전에 의하여 악흥을 고조시키는 것으로 악곡을 구성하고 있다. 또한, 서양의 문화가 '기존의 것과 다른, 새로운 것'에 가치를 두고 변화해 온 것임에 비하여, 동양의 문화는 '기존의 것과의 조화'에 바탕을 두고 서서히 변모해 온 것이다.

장구 부호

- 기본적인 장구 부호는 다음의 표와 같으나, 어린 아동의 경우 손의 소근육이 발달되어 있지 않아 빠른 시간 내에 두 번을 약하고 강하게 연타하는 '기덕'을 치기 어렵다. 그러므로 '기덕'은 '덕'으로 대신한다. 역시 채를 굴려 연주하는 '더러러러'의 경우도 엄지와 검지만을 이용해 채를 잡아 가죽의 자연스런 탄성을 이용해 채가 굴려지는 방식으로 연주되어 어린 연령의 유아에게는 어려울 수 있으므로 한 박에 '더러러러'를 모두 연주하고 한 박 쉬는 것이 아니라, 두 박에 걸쳐 '덕'을 네 번 치는 것으로 대신한다.

- 연주하는 방법을 보면, 반주장구나 풍물장구냐에 따라 손바닥으로 연주하느냐, 궁채를 들고 연주하느냐로 나뉘게 된다. 손바닥으로 연주하는 것보다 궁채로 연주하게 되면 소리가 훨씬 크다. 노래의 반주를 하기 위해 장구를 연주하게 될 때에는 노래보다 장구 소리가 더 크면 조화롭지 못하기 때문에 반주 장구법인 손바닥으로 연주해

야 한다.

반대로, 장구 연주가 주인 풍물장구(예. 사물놀이)의 경우에는 상대적으로 소리를 크게 낼 수 있는 궁채를 손에 쥐고 연주한다.

더 자세한 내용은 뒤에 장구에 대해 다룰 7주차에서 배우게 된다. 단, 이번 주차에서는 반주장구를 연습하기 위하여 왼손바닥과 열채를 이용해 연주하도록 한다. 장구를 잡고 연주하기 이전에 책상을 양손으로 두드리며 연습해 보도록 한다.

장구부호	구음	연주하는 방법	
		반주장구	풍물장구
○	쿵		
|	덕		
⦶	덩	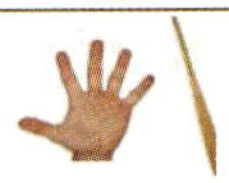	

정간보 읽는 방법

정간보는 세종대왕이 창안한 악보이며 그 시기는 대략 1445~1447년으로 추정된다. 정간보(井間譜)는 한국에서 전통적으로 사용되며 현재에도 계속되어 사용되고 있는 기보법의 하나이다. 1박을 나타내는 1칸이 옛날 우물의 모양을 닮았다고 하여 우물 정(井), 사이 간(間) 자를 써 '정간보'라고 부른다. 『세종실록』에 실린 정간보가 가장 오래된 것으로 이것은 동양에서 제일 오래된 유량악보이다. 정간이라고 부르는 네모진 칸이 차지하는 공간의 넓이로 음의 길이를 나타낸다. 쉼표는 세모로 나타내고 쉼표의 길이만큼 정간을 차지한다. 한 박보다 짧은 길이를 갖는 음은 정간을 나누어 음표에 해당하는 한자를 적는다. 한국음악에는 12개 음이 있으며 한자로 적는다. 12개의 음을 '12율'이라고 부르고 각 음이름을 '율명'이라고 부른다. 한국 음악에는 3분 박자가 많으므로 정간은 3등분 혹은 6등분으로 나누어 율명을 기입하는 경우가 많다. $\frac{1}{3}$ 박은 3등분, $\frac{1}{6}$ 박은 6등분하여 음표를 한다. 음에 꾸밈음이 붙을 때는 그 종류에 따라 율명에 여러 가지 기호를 덧붙인다(정은주, 2009).

다음은 정간보를 우리에게 익숙한 서양의 기보법인 오선보와 비교해 나열한 것이다. 한자로 표기된 율명을 서양의 계이름이라고 생각하면 이해하기 쉽다.

정간보	읽는 순서	오선보	음의 길이
仲	①		仲
仲 / 淋	① / ②		仲 淋
仲 / 淋 / 潕	① / ② / ③	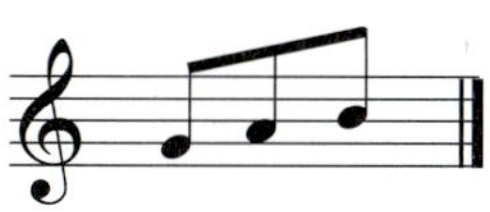	仲 淋 潕

서양의 계이름인 '도레미파솔라시'와 같은 것이 국악의 '율명'이다. 국악은 12율명으로 되어 있다. 12율은 중국, 한국, 일본에서 쓰인 음계이다. 율명 앞에 '청(淸)'을 붙여 옥타브가 높은 소리를, '탁(濯)'을 붙여 옥타브가 낮은 소리를 나타낸다. 정간보에 쓸 때에는 율명의 첫 글자만 따, '황종'이라 쓰지 않고 '황'만 기입한다. 청성(한 옥타브 위의 음), 탁성(한 옥타브 아래의 음)에는 각각 글자 앞에 청(淸)의 삼수변(氵)과 배(倍)의 사람인변(亻)을 옥타브 수만큼 붙인다.

참고로, 12율을 조율하는 법을 '삼분손익법'(三分損益法)'이라고 한다. 황종에 해당하는 관의 길이를 정하고 이 길이의 $\frac{1}{3}$ 을 잘라낸 것에 해당하는 길이(삼분손일)의 관에서 나는 소리를 임종, 임종에 해당하는 관의 길이에 그 자신의 $\frac{1}{3}$ 을 덧붙인 것에 해당하는 길이(삼분익일)의 관에서 나는 소리를 태주, 이렇게 삼분손일과 삼분익일을 반복하여 열두 음을 조율한다. 이는 남려에 해당하는 음을 으뜸음으로 한 피타고라스 음률과 동일하다. 우리 선조들은 옛날부터 이렇게 과학적인 계산을 하여 악기마다의 음을 동일하게 제작하였다(장사훈, 1990).

박자에 맞는 장단 선택 방법

- 새 노래 지도를 마치고 나면 응용활동으로 보통 교사들은 리듬악기를 내어주며 박자에 맞춰 리듬을 치게 한다. 길고 짧은 박들이 나열되어 만들어진 패턴이 리듬, 즉, 장단이다. 새 노래 지도를 하고 난 뒤 곡에 어울리는 장단이 무엇인지 고민하는 교사들이 많다. 이에, 저자는 '곡의 박자에 따른 장단 선택 방법'을 제안하고자 한다.
  단, 이 방법은 장단 초보자를 위해 저자가 고안해 낸 방법이므로 곡의 분위기나 흐름에 더 어울린다고 생각되는 장단이 있다면 반드시 이 방법에 따라 장단을 선택하지 않아도 된다. 이는 마치 $\frac{4}{4}$ 박자 동요를 듣고 '♩ ♩ ♩ ♩'으로 손뼉을 칠 것이냐, '♩ ♪♪ ♩ ♪♪'으로 손뼉을 칠 것이냐 고민하는 것과 같다.

박자에 따른 장단 선택 방법

① 음악을 듣고 손으로 세모 혹은 네모를 그려 3박자 계열의 곡인지, 4박자 계열의 곡인지 가려낸다.

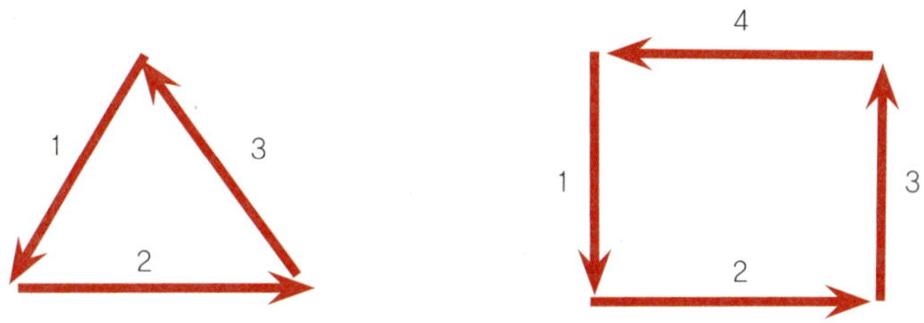

② 3박자일 경우 세마치 장단을 치고, 4박자일 경우 곡이 국악곡이냐 양악곡이냐에 따라 다른 장단을 연주한다. 4박자이면서 국악곡이면 자진모리 장단을 치고 4박자이면서 양악곡이면 단모리 장단(느린 휘모리 장단)을 친다.

※ 국악곡의 경우, $\frac{3}{4}$ 박자 대신에 $\frac{9}{8}$ 박자가, $\frac{4}{4}$ 박자 대신에 $\frac{12}{8}$ 박자가 쓰여 있다. 국악은 1박이 셋으로 나뉘는 3분박이 기본이므로 8분 음표(♪)를 기준으로 하여 구성하기 때문이다. 그러므로 장단을 응용하기 어려운 일반인의 경우, $\frac{9}{8}$ 박자로 된 표기는 $\frac{3}{4}$ 박자와 같다고 생각하여 세마치 장단으로 연주하고 $\frac{12}{8}$ 박자로 된 표기는 $\frac{4}{4}$ 박자라고 생각하고 자진모리 장단 혹은 단모리 장단으로 연주한다.

느린 $\frac{3}{4}$ 박자는 굿거리 장단으로 연주한다. 박자표를 보고 장단을 정할 때에는 $\frac{6}{8}$ 박자표에 굿거리 장단을 연주한다. 단, 리듬꼴에 따라 $\frac{12}{8}$ 박자인 경우에도 굿거리 장단으로 연주하는 경우가 있다. 대표적인 곡으로는 〈산도깨비〉(조광재 작사·곡)가 있다. $\frac{6}{8}$ 박자의 2배의 박이 한 마디에 있으므로 곡에 반복되는 리듬이 굿거리 장단의 앞부분과 유사해(♩

♪♬♩) 단모리 장단보다는 굿거리 장단이 더 어울린다. 심지어 작곡자도 이 곡에 어울리는 장단으로 굿거리 장단을 기재하였으니 작곡자의 의도대로 굿거리 장단으로 연주함이 옳다.

유아용 굿거리 장단의 경우 유아의 미지한 소근육 발달 상황을 고려하여 ȋ(기덕)을 제외하고 기억하여 연주하기에 용이하도록 동일 리듬꼴을 2번 반복하는 형식으로 수정되었다(조윤미, 2010). 즉, '덩 기덕 쿵 더러러러 쿵 기덕 쿵 더러러' 대신에 '덩 덕 쿵 더러러러 덩 덕 쿵 더러러러'로 연주한다.

$\frac{3}{4}$ 박자 ⇨ 세마치 장단 1. 세마치 장단

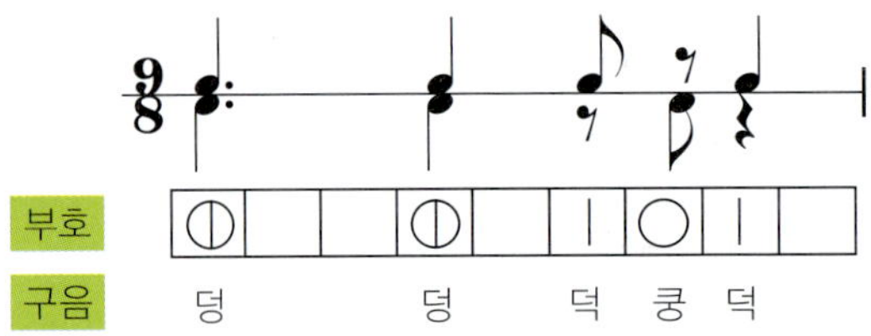

$\frac{6}{8}$ 박자(느린 $\frac{3}{4}$ 박자) ⇨ 굿거리 장단 2. 굿거리 장단

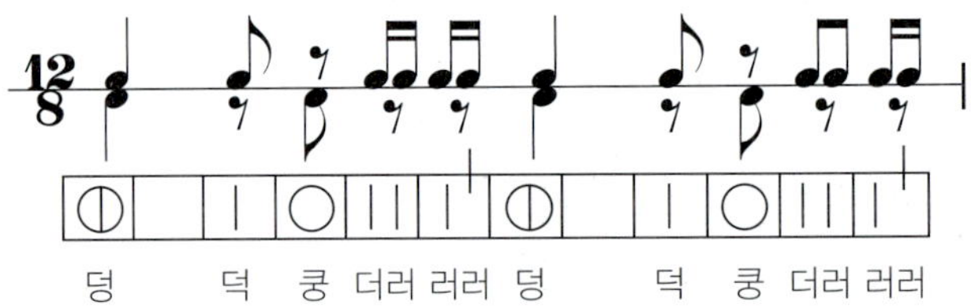

$\frac{4}{4}$ 박자, 국악 ⇨ 자진모리 장단(세마치 장단에 '덩'만 추가) 3. 자진모리 장단

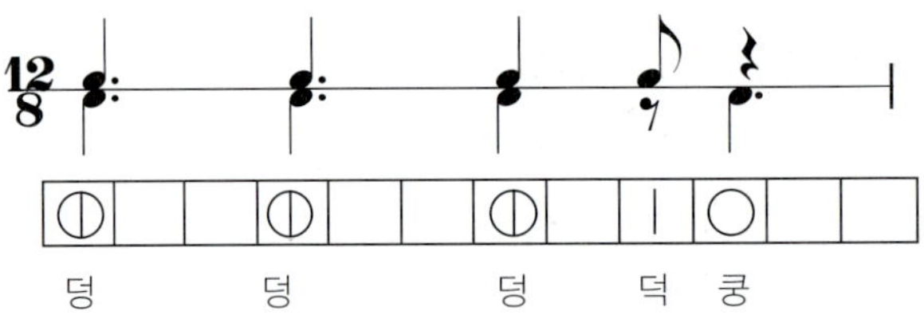

$\frac{4}{4}$ 박자, 양악 ⇨ 단모리 장단(느린 휘모리 장단) 4. 단모리 장단

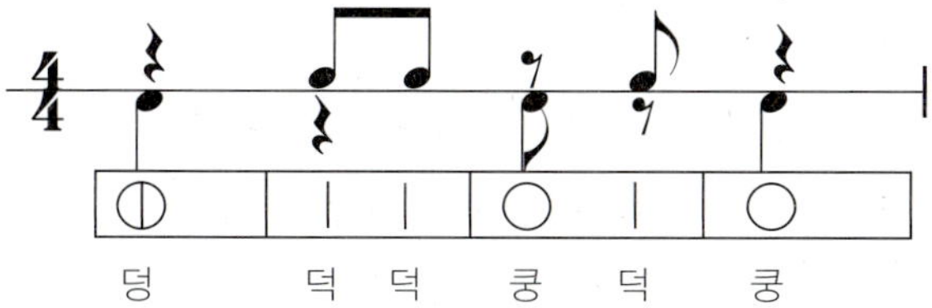

• 앞의 장단 선택 방법을 기억하기 쉽게 그림으로 정리하면 다음과 같다.

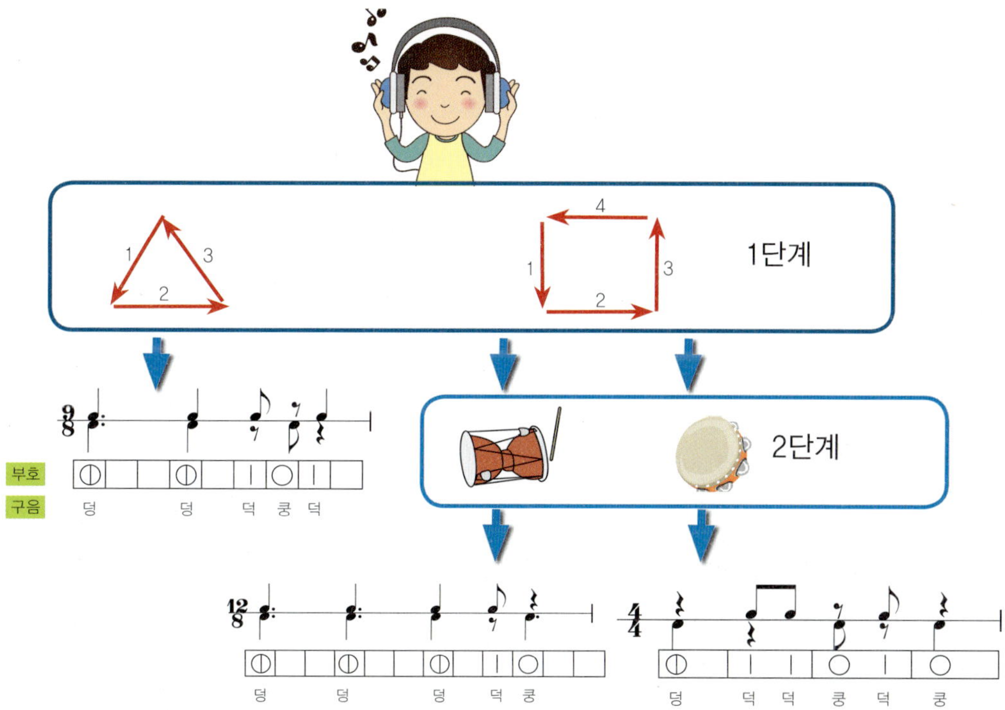

☞ 연습해 보자!

진도아리랑을 들어보고 몇 분의 몇 박자 곡인지 알아내어 어떤 장단으로 연주해야 하는지 선택하여 연주해 보자. 5. 진도아리랑

• 다음은 진도아리랑 악보의 일부이다. 앞서, 단계에 맞게 차근히 생각해 보고 곡에 맞춰 장단을 선택하였는지 확인해 보자.

진도아리랑

전라도 민요

2단계 세마치 장단

1단계 3/4

- 단, 예외가 있을 수 있다. 한 곡 내에서도 여러 장단으로 쳐야 곡의 분위기나 흐름에 더 적합한 경우가 있다. 뱃노래의 경우 앞부분은 굿거리 장단으로, 뒷부분은 자진모리 장단으로 쳐야 더 어울린다. 뱃노래에 맞춰 반주해 보자.

☞ 검색엔진 〉뱃노래

뱃노래

굿거리 장단

경상도 민요

자진모리 장단
어 야디야 (어 야디여) 어기야디여 (어기야디여) 어기야디여 –
– – – 아– 에 헤– – – 에– –에 –
에 헤에헤 에 헤에헤 야–아– – 에 헤 에 헤
D.C.
에헤 야 –어히 야–– 어 야디여 (어 야디여) 어기야디여 (어기야디여)
넘 실대 는– – 으 흐으– 파도–위에 (어 야디여) 갈 매기 떼–
달 은밝 고– – 오 호오– 명량–헌데 고 향생 각–
– 에 헤야– 춤을–춘다 (어 야디야) 어기야디여 (어기야디여)
– 아 하아– 절로–난다 어기야디여

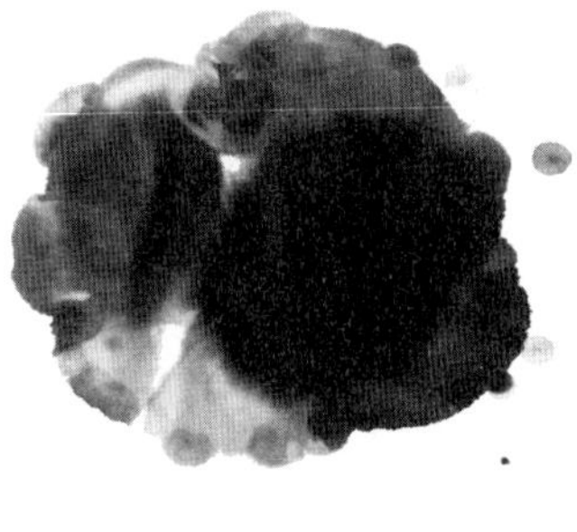

3주차

❖ 국악의 역사

❖ 국립국악원 소개 및 사이트 안내

국악의 역사

※ 강의 시간 중 학생의 웹서핑은 불허하는 것이 원칙이나 본 내용은 역사에 대한 배경지식이 없는 경우 이해하기에 어려울 수 있으므로 모르는 용어를 개인별로 찾아가며 이해할 수 있도록 허락해 줄 수 있다. 독자의 이해를 돕기 위해, 기본적인 단어의 의미를 괄호 안에 기입하였다.

① 민요

상고 시대의 국악에 관한 내용은 잘 알려져 있지 않다. 하지만 부여의 영고, 고구려의 동맹, 동예의 무천, 삼한의 계절제와 같은 제천 행사에 관련된 중국 역사서에 술을 마시고 노래를 불렀다는 기록이 남아 있다. 한국의 상고시대 음악은 각 부족의 제천의식에 쓰이는 의식 음악이었음을 옛 중국 문헌은 기록하고 있다. 부여, 고구려, 예, 마한, 변한 등 상고시대 부족국가들은 추수가 끝나는 때, 혹은 씨를 뿌릴 때에 일정한 시기를 택하여 하늘에 제사를 지냈으며 남녀노소가 함께 모여 연일 밤낮 없이 춤과 노래를 즐겼다고 기록되었다. 이런 제천의식을 부여에서는 영고, 고구려에서는 동맹, 예에서는 무천이라 불렀다.

② 삼국 시대

(1) 고구려

고구려의 가요로 지금까지 전해 오는 것은 유리왕의 〈황조가〉가 있다. 거문고는 외래 음악이 들어오기 이전에 만들어졌다. 이후, 고구려가 중국과 교류를 하기 시작한 시기에 공후와 같은 서역의 악기가 들어왔다. 고구려의 음악은 매우 융성하였다. 고구려 음악에는 서역 음악인 구자악이 들어와 많은 악기가 연주되었다. 공후, 비파, 오현, 생, 소, 피리, 요고 등 많은 악기가 사용되었으며 이로써 고구려의 음악이 당시, 백제와 신라의 음악에 비해 매우 발전한 것임을 알 수 있다.

(3) 백제

지금까지 전해 오는 백제의 가요로는 〈정읍사〉가 있다. 현재 연주되는 악곡인 〈정읍〉과의 관계는 확실하지 않다. 백제음악에서 고구려의 악기인 거문고를 사용하였다는 점을 통해, 백제음악이 고구려와 유사하고 신라와는 다른 음악임을 유추할 수 있다. 백제음악은 5~6세기에 중국에 소개되었다. 또 『일본서기(日本書紀)』에 의하면, 백제악사들이 교대로 일본에 건너가서 음악을 전해주었다. 백제사람인 미마지는 중국 남부 오나라에서 기악을 배워 일본에 전했다.

(2) 신라

통일 이후의 신라에서는 향악(토착음악, 우리 땅에서 만들어진 음악. 아악과 반대되는 의미)의 발전이 두드러졌다. 향악의 두드러진 발전을 알 수 있는 것이 바로 '삼현삼죽'의 악기편성이다. 가야금, 거문고, 향비파의 3현과 대금, 중금, 소금의 3죽으로 구성된다. 문무왕 4년에 사람을 보내 당악을 배웠다는 기록이 남아 있으며 각종 유물에서 당악기 그림을 엿볼 수 있다. 이는 그만큼 당나라 음악의 비중이 컸다는 반증이다. 신라에서는 음악을 관장하는 공식적인 국가기관이 처음으로 등장하였다. 진흥왕 때는 '음성서'로 불리다 경덕왕 때 '대악감'으로 고쳤다. 후에 다시 '음성서'로 바뀌었다.

③ 고려 시대

고려를 창건한 태조는 신라의 고풍을 많이 답습하였다. 예를 들어, 화랑 또는 선랑이 국가 태평을 비는 팔관회와 불교 의식인 연등회가 있다. 삼국시대부터 내려오는 향악이 고려에 계승되었고 새로 많은 향악곡도 만들어져, 그 일부는 조선시대까지 전승되었다.

④ 조선 시대

세종, 세조 때에는 박연에 의해서, 아악(민속악에 대비되는 궁중음악, 제례악·궁중연례 악·정악을 통틀어 가리키는 음악)을 정리하고, '악기도감'을 설치하여 악기를 직접 만들어 썼다. 또한 악보로 표기하는 방법인 기보법으로 정간보, 오음악보를 창안하였다. 세종대 왕은 〈정대업〉, 〈보태평〉 등을 직접 작곡하였다. 〈정대업〉, 〈보태평〉은 종묘제례악(조선 역대 왕들의 신위를 모시는 제사에 쓰였던 음악)에 쓰이는 음악 모음의 이름이다. 인조 21년에는 사직(우리나라 왕조시대에 국토와 곡식의 번창을 기원하는 제사)과 문묘제례악(공자에게 지내는 제사)이 정해졌으며 인조 25년에는 아악을 다시 쓰게 하였다. 광해군, 효종, 영조 때, 「악학궤범」(음악책. 9권으로 구성 음악의 원리, 악기의 배열, 무용의 방법과 악기에 대해 서술, 궁중의식에서 연주하던 음악을 그림으로 풀이해 놓음)을 복간하고 악기를 다시 만들었다. 뿐만 아니라, 가곡, 가사, 시조 등의 성악곡이 융성하였으며 널리 불렸다. 특히 영조 이후에는 일반 백성들 사이에서 판소리, 산조, 잡가 등이 성행하였다. 숙종의 큰 업적은 '판소리 체계화'이다. 입에서 입으로만 전수되던 판소리를 체계화시키고 기록하여 후대에 전수하였다는 점에 그 의의가 있다.

(1) 이왕직 아악부

1897년에 종래의 장악원(조선시대 궁중에서 연주되는 음악 및 무용에 관한 모든 일을 맡아보던 관청)을 교방사로 개칭하고 772인의 인원을 두었으며 1907년에는 교방사를 장악과로 고쳐서 궁내부 예식과에 부속시키고 국악사장 이하 305인의 인원을 두었다. 한일합방 이후 장악과는 아악대로 바꾸고 인원을 반이나 줄였다. 심지어 이 중에는 양악군악대에 밀려서 군악수인 취고수들이 일부 편입되어 있었다. 그 뒤, 57명으로 줄였다. 1917년에는 아악생 양성소를 두어 제1기생 9명을 모집하여 수업연한을 3년으로 하고 음악실기, 음악 이론, 일반 학과를 교수하였다. 1920년, 일본 음악 학자 다나베(田邊尙雄)의 건의로 1922년에는 당국의 보다 나은 지원을 받게 되었다. 광복 직전까지 종묘, 문묘 제향에서 제례악을 연주하고, 아악생 양성, 아악 방송, 악서 및 악보 편찬·악기 제작 등의 활동을 계속하였다. 이왕직 아악부의 전통은 현 국립국악원이 이어받고 있다.

(2) 조선정악원

음률을 즐기는 대갓집 사랑에는 율방, 풍류방이라 하여 영산회상, 가곡 등 정악 계통의 음악을 연주 및 전수하는 사설 음악실이 있었다. 이러한 율방 제도를 확대하여 1905년 9월, 조양구락부가 조직되었다. 정악을 연주하였지만 주로 정악을 전수하는 데에 주력하였다. 국악을 지도하는 교사 이외에 양악을 지도하는 교사가 있었다. 1911년,

조양구락부는 '정악원'으로 개칭되었다가 다시, '조선정악원' 혹은 '조선정악전습소'라 부르게 되었다.

(3) 원각사

1907년에 설립된 최초의 근대식 국립극장으로, 창극이 주가 되고 잡가(가곡, 가사, 시조 등 지식층이 즐기던 정가를 일컬음. 대중들이 즐겨 부르던 노래를 통틀어 이르는 말)와 잡희(우스운 말로 된 간단한 연극, 여러 가지 잡스러운 장난이나 놀이)를 공연한 상설극장이다. 판소리는 원래 고수의 북 장단에 소리하는 독창 형식이었으나 원각사 시절부터, 역할마다 여러 인물이 출연하여 연기하는 창극이 처음 시도되었다. 〈춘향가〉, 〈심청가〉 등이 창극화되었다. 그러나 원각사는 3년이 채 되지 않아 해산되었다.

(4) 조선성악연구회

원각사가 해산된 뒤에 창극단체들이 재기의 길을 모색하며 1933년에 조선성악연구회를 조직하였다. 이 당시, 공연된 창극은 〈춘향가〉, 〈심청가〉, 〈수궁가〉, 〈흥보가〉, 〈배비장가〉, 〈장화홍련전〉, 〈숙영낭자〉 등이다.

(5) 조선악부

1940년에 조선총독부 경무국 관장 아래, 조선악부가 설립되었다. 주로 창극과 가무로 지방공연을 하였으나 관헌(관직에 있는 사람)의 간섭이 심하여 어려움이 많았다.

위와 같이, 우리나라 역대 왕들은 전통음악을 높게 평가하고 육성하려고 노력하였다. 이에 왕이 직접 총괄하여 음악기관을 궁내에 두고 관리하였다. 현대의 공무원처럼, 전통음악인들에게 녹봉(임금)을 주며 연구하도록 하였다. 그러나 민족문화말살정책의 일환으로 일제는 궁에서 악사를 양성하고 음악을 연구·보존하는 인원을 심히 축소하였다. 쫓겨난 악사, 무용가들이 생계를 위해 공연무대를 좇아 장터나 기방으로 가게 되었다. 훗날, 이런 모습만 뇌리에 남아 우리 스스로가 우리 음악인 국악을 천대하게 된 것이다. 우리 음악의 역사를 알아야 하는 이유가 바로 여기에 있다. 조상들이 지켜온

문화유산으로서의 국악의 가치를 알고 편견을 버리고 우리 음악을 바라보아야 할 것이다.

국립국악원 소개 및 사이트 안내

한국의 음악·무용의 보존과 보급, 그리고 국악의 연구 및 발전을 목적으로 설립된 국가 지원 기관이다. 국립국악원은 문화관광부 소속기관으로, 전통예술을 보존 계승하기 위한 공연예술단, 각종 공연진흥, 교육진흥 및 지원임무를 수행하는 행정부서와 한국음악학 정립의 사명을 수행하고 있는 국악연구실로 구성되어 있다. 그 밖에 전문자료관인 국악박물관을 운영하고 있으며 지방 국악 활성화를 위해 전북 남원시에 민속국악원을 분원으로 설치하여 운영하고 있다.

역사적으로, 국립국악원의 전신은 구왕궁아악부이다. 1948년 구왕궁아악부의 대표 이 주환(李珠煥)은 국영 음악 기관(아악대 국영)에 관한 청원서를 국회에 건의하였고 제115회 국회 본회의에서 청원 결의가 만장일치로 통과되었다. 처음에는 문교부 산하의 독립기관이었고, 6·25전쟁으로 인하여 개원이 늦어지다가 1951년 4월 10일, 비로소 부산에서 개원하였다. 수도를 되찾은 이후인 1954년 10월 1일, 문교부령 제38호에 의하여 국악사양성소를 개설하였고, 이것이 현 국립 국악고등학교의 모체이다. 1961년 10월 2일 정부 기구의 개편에 따라서 문교부에서 문화공보부로 이관되었으며, 1998년에는 문화관광부 소속으로 변경되었다. 또한 1991년 3월 4일에 남녀 구분없이 학년당 100명을 선발하여 국립 국악학교(현재의 국립 국악중학교)도 개교하여 국악의 조기 교육 실현에 한 발 앞서게 되었다.

국립국악원 홈페이지는 검색엔진에서 '국립국악원'을 검색해 보면 쉽게 찾을 수 있다. 홈페이지 주소는 http://www.gugak.go.kr이다. 교사연수, e-국악 아카데미, 음원 및 동영상 자료 등 유아교사에게 유익한 교육소식과 무료로 제공되는 자료가 수록되어 있다.

특히 홈페이지 상단의 연구/자료 〉 생활국악자료실 카테고리에는 '의식국악' 음원이 수록되어 있으며 무료 다운로드가 가능하다. 애국가, 행진곡, 국기에 대한 경례 음원을 양악반주가 아닌 국악반주로 들을 수 있다는 점이 이색적이다. 먼저, 내가 속한 대한민국의 국가인 〈애국가〉를 전통악기의 음색으로 들어볼 것을 추천한다.

☞ **연습해 보자!**

국립국악원 홈페이지 〉 연구/자료 〉 생활국악자료실 〉 의식국악에 들어가 음악을 듣고 박자를 가늠해 적절한 장단으로 반주해 본다(지난 2주차 학습내용 참조).

4주차

- ❖ 국악 성악곡의 형식
- ❖ 창작국악동요 / 전래동요
- ❖ 정가 / 판소리
- ❖ 시김새

국악 성악곡의 형식

※ 국악의 형식(musical form)은 다양하여 몇 가지로 간단히 설명하기는 어렵다. 다만, 이번 주차에는 국악 성악곡의 대표적인 형식 몇 가지만을 소개하고자 한다.

1 민요의 형식

민요는 크게 '통속민요'와 '토속민요(향토민요)'로 나뉜다. 통속민요는 지역에 국한되지 않고 전국적으로 불리는 민요이다. 향토민요는 일정한 지역에 한정되어 전승되는 민중의 노래로, 주로 일을 하면서 부르던 노동요가 주를 이룬다. 부녀자들이 부르던 노래, 어린이들이 부르던 전래동요가 여기에 속한다. 민요는 주로 후렴을 가지고 있으며, 절수가 많은 유절형식으로 되어 있다. 또한 메기고 받는 음악형식을 띠고 있어, 독창으로 앞소리를 부르고(메기는 소리), 후렴은 메기는 소리에 이어 다 같이 부른다(받는 소리). 그러나 서양의 노래처럼 반드시 각 절의 가사 다음에 후렴이 오는 것이 아니라 후렴과 후렴 사이에 각 절의 가사가 놓이는 형태의 노래도 있다. 예를 들어, 〈옹헤야〉는 후렴구(반복구)가 격마디마다 있다. 보통 한 노래의 후렴구에서 되풀이되는 음절 혹은 후렴구의 첫 부분에 나타나는 말을 따서 그 노래의 제목으로 정한다. 노동요는 많은 인원이 규칙적인 동작을 반복하며 작업하는 과정과 연관되어 있기 때문에 주로 '메기고 받는 방식'으로 연행한다. 메기는 소리는 즉흥적으로 가사를 지어 부를 수 있고 가락도 자유롭게 변주할 수 있다. 받는 소리는 대부분 규칙적인 가사와 가락으로 되어 있다. 단, 혼자 작업하며 부르는 노동요 중에는 메기고 받지 않으며 독창으로 부르는 노래도 있다. 따라서 대부분의 향토민요 형식은 같은 가락이 되풀이된다는 점에서 유절형식의 노래라 할 수 있다. 각 절의 앞부분에 해당하는 메기는 소리를 자유롭게 변주하는 변형유절형식의 악곡도 볼 수 있다.

군밤타령

〈군밤타령〉을 전체 노래 지도법(노래를 나누어 번갈아 주고받으며 부르는 방법)으로 불러보고 군밤 찾는 놀이를 한다. 준비물은 밤 교구이다. 유아 수만큼 제작하여 뒷면에 생밤 혹은 군밤 사진이 들어가도록 제작한다. 단, 술래를 정하기 위해 군밤 사진은 1개만 넣는다. 다음 사진은 제작한 밤 교구의 예시이다. 놀이참여인원을 6명 기준으로 제작하였으며 왼쪽 사진은 겉면이고 오른쪽 사진은 속면이다.

다음의 표를 보며 놀이 방법을 익힌다. 놀이할 MR(반주용) 음원은 검색엔진 〉 국악방송 〉 국악방송 〉 자료공감 〉 우리 민요 〉 반주음악 〉 경기민요 〉 군밤타령을 사용하도록 한다.

교사는 유아들이 손을 놓고 바닥에 있는 밤 교구를 줍는 놀이를 할 수 있도록 징을 쳐 주어 알려준다. 즉, '생율밤이로구나' 다음 징을 쳐 준다.

노랫말	동작 그림	동작 설명
바람이 분다 바람이 분다 연평바다에		다 같이 손을 잡고 원형을 만든 뒤 한 방향으로 돈다. (교사는 유아들이 원을 유지할 수 있도록 바닥에 마스킹테이프로 원을 그려준 뒤, 안에 유아 수만큼 밤 교구를 밤 겉면이 보이도록 넣어준다.)
(교사는 징을 1회 친다.) 어얼싸 바람이 분다.		교사의 징 소리를 듣고 유아들은 원 안에 놓아둔 밤 놀이자료를 하나씩 갖는다. 밤의 뒷면 사진이 생밤이 아닌, 군밤인 유아는 "찾았다!"라고 외치며 밤을 들어 보인다.

노랫말	동작 그림	동작 설명
얼싸좋네 하 좋네 군밤이요 에헤라 생율밤이로구나		군밤을 찾은 유아만 일어서서 춤을 추고 나머지 유아들은 앉아서 박수 쳐 준다. 이때 나머지 유아들은 손에 들고 있던 밤을 겉면이 보이도록 자리에 내려놓는다. (이후, 교사는 밤 교구를 섞은 뒤 다시 놀이를 재개한다.)

② 가곡과 시조의 형식

가곡과 시조는 시조시(時調詩)를 노랫말로 쓰고 있는 점은 같으나 노래의 형식면에서 큰 차이를 보인다. 그러나 일반인의 경우 노래를 듣고 그 차이를 구분하기란 불가능하다. 예술은 아는 만큼 보이고 아는 만큼 들리는 것이기 때문이다. 가곡은 본래 여러 곡을 계속하여 노래하던 음악으로, 각 곡의 형식은 대여음, 초장, 2장, 3장, 중여음, 4장, 5장으로 되어 있다. 여기서, 대여음이란 전주(노래 시작 전의 반주)의 역할인 동시에 후주(노래가 끝난 후 노래의 여운을 마무리하는 반주)의 기능을 하며 다음 노래로의 연결을 매끄럽게 한다. 앞의 곡을 조금씩 변주하여 부르는 것이기 때문에 전체로 본다면 A–A'–A" … 등으로 구성되어 일반인의 경우, 비슷한 구절이 반복된다고 느껴질 수 있다.

시조는 시조시의 형식과 같이 초장·중장·종장의 세 부분 형식으로 되어 있다. 짧은 전주가 있고 초장과 중장의 끝에는 짧은 여음이 붙어 있다. 음악의 구성적인 면으로 각 장을 살펴보면, a–b–c로 볼 수 있어 감상할 때에 반복이 적다고 느껴진다(서한범, 1992).

③ 가사와 잡가의 형식

가사(歌詞)와 잡가(雜歌)는 짧은 사설을 지닌 민요나 가곡, 시조에 비해, 비교적 긴 사설을 노래한다. 여기서 일컫는 가사는 국악성악 중 정가의 세부 음악종류를 가리키는 말로써, 우리가 흔히 알고 있는 노래의 구성요소인 노랫말을 일컫는 말이 아니다. 가사(歌詞)는 현재 12곡이 불리고 있기 때문에 흔히 12가사라고 한다. 가사에는 〈백구사〉와 같이 후렴이 없는 노래와 〈죽지사〉처럼 후렴이 각 절의 뒷부분에 붙는 노래가 있다.

각 절의 가락은 대개 비슷하며 같은 가락이 되풀이되는 부분도 있다.

잡가는 전문적인 소리꾼들이 부르던 노래이다. 노래 부르는 자세에 따라, 좌창(座唱)과 입창(立唱)으로 구분된다. 경기잡가와 서도잡가로 대표되는 좌창은 실내에 앉아서 부르는 노래로, 주로 독창으로 부르는데 민요에 비하여 긴 가사를 노래한다. 잡가는 대부분 규칙적으로 반복되는 후렴이 없는 노래이다. 입창으로는 경기지방과 서도지방의 산타령, 남도지방의 선소리 등이 있으며 여러 사람이 함께 노래하며 메기고 받는 형식으로 되어 있다. 여느 메기고 받는 노래와 달리, 메기는 부분뿐만 아니라 받는 부분의 사설(말)이 변한다는 점이다. 입창은 여러 곡의 노래를 이어 부르는데 주로 느린 노래를 먼저 부르고 차츰 빠른 노래로 진행되도록 이어 부른다.

위 성악곡(민요, 가곡과 시조, 가사와 잡가)의 구분은 국립국악원에서 분류한 방식에 따른 구분이다. 본 교재에서는 교사들이 현장에서 활용하는 성악곡 중 주 가창 대상이 누구냐에 따라 구분하였다. 어린이를 위한 국악 노래 분류인 창작국악동요와 전래동요 성인들까지 아우르는 노랫말로 되어 있고 국악적 창법을 내야 하는 어려움이 있어 실제로 노래 불러보기보다는 감상곡으로 활용하는 민요, 정가, 판소리로 구분하여 정리하였다.

창작국악동요 / 전래동요

- 대다수의 교사들이 유아들에게 국악을 지도할 때 부를 수 있는 곡의 종류는 보통 민요, 전래동요, 창작국악동요이다. 국악 가창곡은 첫째, 노래 부르는 대상이 누구인가(아래 표에 밑줄로 표시함)와 둘째, 창작의 시점이 과거인가 현대인가(아래 표에 굵은 글씨로 표시함)를 기준으로 나뉜다. 단, 이 분류에 포함된 용어는 현재 유아교사들이 흔히 검색하여 사용하고 있는 국악 관련 가창곡의 종류에 한해 선정하였다. 판소리, 정가의 경우 전문적인 국악 가창 기술을 습득해야만 그 표현을 원활히 할 수 있어 주로 감상곡으로 사용한다.

민요	**예로부터** 민중 사이에 불려 오던 전통적인 노래
전래동요	**예로부터** 전하여 내려오던 **어린이를** 위하여 동심(童心)을 바탕으로 지은 노래
창작국악동요	예술 작품을 **독창적으로** 지어내어, **어린이**를 위하여 동심(童心)을 바탕으로 지은 노래

위와 같이, 민요와 전래동요는 예로부터 전해 내려왔다는 점에서 공통점이 있다. 그러나 전래동요는 그 노래를 불렀던 대상이 어린이이지만 민요는 성인을 포함한 일반 대중이 모두 불렀다는 점에서 차이가 있다.

전래동요를 새 노래 지도하고 난 뒤에 해 볼 수 있는 응용활동으로, 간단한 손유희나 율동해 보는 방법이 있다. 다음은 전래동요 〈실구대 소리〉를 배우고 난 뒤 해 볼 수 있는 앉아서 하는 짝 율동이다.

6. 실구대 소리

실구대 소리

자진모리 장단

전래동요

노랫말	동작 그림	동작 설명
1절		친구와 마주 본 후 두 손을 친구의 어깨 위에 얹고 박자에 맞춰, 몸을 앞, 뒤로 흔든다.
2절		친구와 마주 본 후 가마손(한 손은 앞으로 뻗고 다른 한 손은 기역자로 접어 앞으로 뻗은 손의 팔꿈치 안쪽을 잡는다.)을 하고 박자에 맞춰, 몸을 앞, 뒤로 흔든다.
3절	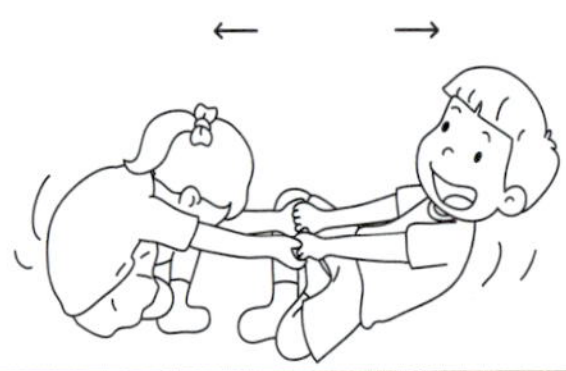	친구와 마주 본 후 친구와 두 손을 맞잡고 박자에 맞춰, 몸을 앞, 뒤로 흔든다.

다음은 전래동요 〈쩡쩡 장서방〉, 창작국악동요 〈눈썹 없는 달님은〉의 국악교육계획안이다. 전래동요와 창작국악동요는 모두 유아가 불렀으나 옛날부터 전해 내려온 전래동요와 달리, 창작국악동요는 현대에 만들어졌다는 점에서 차이가 있다.

꿩꿩 장서방

활동목표

- 노래를 불러 봄으로써 음악활동의 즐거움을 느낀다.
- 나와 친구들에 대해 관심을 갖고 안다.
- 노래로 자신의 생각과 느낌을 표현한다.

준 비 물

노래 가사판, 융판 이야기 자료, 장구

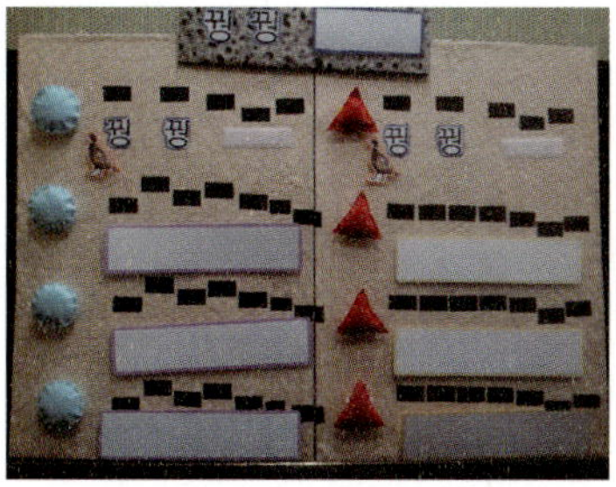

활동방법

❶ '꿩꿩 장서방' 가사를 이야기로 들려준다.

> 옛날에 수컷인 남자 꿩이 살았어. 그런데 한 아이가 지나가다 꿩을 보고 남자 꿩이니 '장서방'이라고 부르기 시작했지. 여자아이는 꿩을 불렀어. '꿩꿩 장서방 꿩꿩 장서방.' 여자아이는 궁금한 것을 물어보았지. '어디 어디 사나?' 그러자 꿩이 대답했어. '저 산 너머 살지.' 여자아이는 이번엔 꿩이 무얼 먹고 사는 지 궁금했어. 그래서 물어보았지. '무얼 먹고 사나?' 그러자 꿩이 대답했어. '콩 까먹고 살지.' 여자아이는 꿩이 누구랑 사는지 궁금했어. 그래서 꿩에게 물어보았지. '누구하고 사나?' 그러자 꿩이 대답했어. '새끼하고 살지.' 여자아이는 궁금한 것들을 모두 물어보았고, 꿩이랑 여자아이는 친구가 되었대.

❷ 오늘 할 활동에 대해 소개한다.

❸ 장구장단에 맞춰 교사의 노래를 감상한다.

꿩꿩 장서방

전래 동요

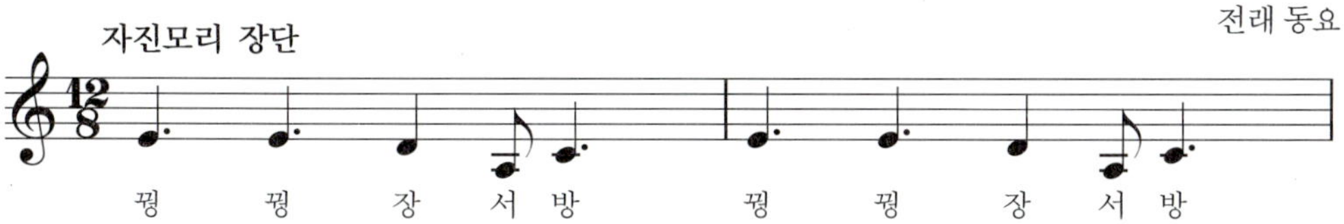

❹ 장구장단을 들어본다.

❺ '펑펑 장서방' 노래를 한 가지 소리로 불러본다.

–한 가지 소리를 넣어 노래를 불러보면 어떨까?

❻ 가사판을 보며 노랫말을 넣어 부른다.

❼ 부분을 나눠 노래를 불러본다.

❽ 노랫말을 바꿔 불러본다.

–너희들은 친해지고 싶은 친구들에게 어떤 것들을 물어보고 싶니?

–그럼 너희들이 가장 많이 물어보고 싶은 질문들을 먼저 넣어서 불러보도록 하자.

–이 노래는 묻고 답하는 노래이니 묻는 노랫말 부분은 너희들이 불러보고, 대답하는 노랫말 부분은 선생님이 불러볼게.

–그럼 이번에는 친구 이름을 넣어 '펑펑 ○○○' 노래를 불러보자. ○○이는 자리에서 일어나서 친구들이 물어보는 질문에 답을 노래로 해주면 돼.

❾ 두 명의 유아가 나와 노래를 불러본다.

–'나는 다른 친구에게 더 궁금한 것이 있어요.' 하는 어린이 있니?

–○○이는 누구에게 궁금한 것이 있니?

–어떤 것을 물어보고 싶니?

❿ 활동을 회상하고 평가한다.

변형 및 확장활동

–펑이 되어 신체표현 해 보기

–자진모리 장단을 연주하며 '펑펑 장서방' 노래 불러보기

눈썹 없는 달님은

활동목표

- 창작국악동요를 즐겁게 부를 수 있다.
- 노랫말에 맞춰 율동해 본다.

준 비 물

노래 가사판, 이야기 자료, 장구, 피아노

☞ 검색엔진 〉 눈썹 없는 달님은 〉 국립국악원 추천 음악 – 너 때문에 눈썹 없이 열두 달을 살잖니
(유영미 작사/이기영 작곡)

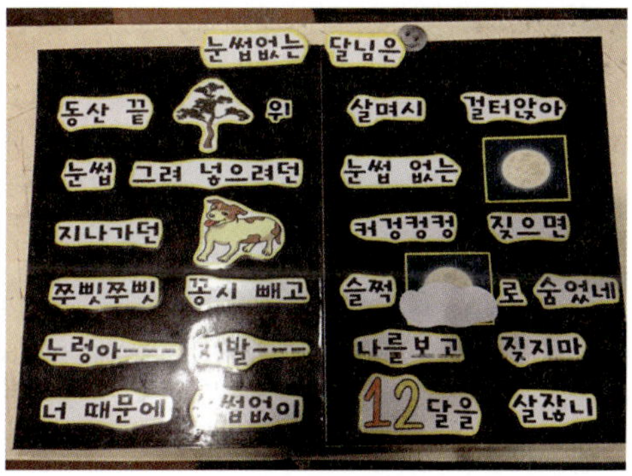

활동방법

❶ '눈썹 없는 달님은' 가사를 이야기로 들려준다.

동산 끝 소나무 위 눈썹 없는 보름 달님이 살며시 걸터앉아 있었어요.
달님: 눈썹 좀 그려볼까?
그때 누렁이 한 마리가 지나갔어요.
누렁이: 컹컹! 컹컹!
달님: 어이쿠, 깜짝이야!
깜짝 놀란 달님이 쭈삣쭈삣 꽁지 빼고 슬쩍 구름 뒤로 숨었어요.
달님: 누렁아 제발 나를 보고 짖지마~ 너 때문에 놀라서 눈썹을 그릴 수가 없잖아.
누렁이: 컹컹! 컹컹!
그렇게 보름달은 매일 밤마다 짖어대는 누렁이 때문에 눈썹 없이 열두 달을 살았대요.

❷ 이야기 내용을 회상하며 오늘 할 활동에 대해 소개한다.

- 이야기 속엔 어떤 등장인물들이 나왔니?
- 달님은 무엇을 하고 있었니?
- 누렁이가 어떻게 해서 달님이 눈썹을 그리지 못했니?
- 오늘은 이 이야기를 노래로 불러볼 거야.

❸ 음원을 통해 노래를 감상해 본다.

- 선생님이 가사판을 준비해왔는데 어느 부분이 비어 있니?
- 선생님이 노래를 들려줄 테니 잘 듣고 제목이 무엇일지 생각해 보자.
- 이 노래의 제목은 무엇일 것 같니?
- 왜 그렇게 생각했니?

❹ '눈썹 없는 달님은' 노래를 한 가지 소리로 불러본다.

- 오늘의 노래 제목은 '눈썹 없는 달님'이야. 먼저 한 가지 소리로 불러볼 건데 어떤 소리로 불러보고 싶니?

❺ '눈썹 없는 달님은' 노래를 한 소절씩 불러본다.

- 이번에는 선생님이 한 소절 먼저 부르면 여러분이 함께 따라 불러주면 돼요.

❻ '눈썹 없는 달님은' 노래를 처음부터 끝까지 전체적으로 불러본다.

- 이제 노래가 익숙해진 것 같니? 다 같이 처음부터 끝까지 불러보자.

❼ '눈썹 없는 달님은' 노랫말에 맞춰 율동을 만들어 본다.

- 이번에는 노랫말에 맞춰 율동을 넣어볼까?
- '동산 끝 소나무 위'는 어떻게 바꾸면 좋겠니?

❽ 율동을 하며 노래를 불러본다.

- 유아들과 함께 만든 율동을 하며 전곡을 불러본 뒤, 율동을 열심히 하며 노래를 부른 유아 2명이 앞으로 나와 율동하며 노래 부를 수 있도록 한다.

❾ 활동을 회상하고 평가한다.

- 오늘 어떤 제목의 노래를 불러보았니?
- 어떤 노랫말이 제일 기억에 남니?
- 왜 그 노랫말이 가장 기억에 남니?

– 오늘 노래에는 어떤 달님이 나왔니?

변형 및 확장활동

- 언어영역: 달님에게 편지쓰기
- 과학영역: 달의 모습 변화 관찰하기
- 미술영역: 달 마블링

<table>
<tr><td></td><td>
좌, 우 위로 흔들</td><td>
두 손을 모으고 고개를 끄덕인다.</td></tr>
<tr><td>동산 끝</td><td>소나무 위</td><td>살며시 걸터앉아</td></tr>
<tr><td></td><td></td><td>
아래에서 위로 동그라미를 만든다.</td></tr>
<tr><td>눈썹</td><td>그려 넣으려던</td><td>눈썹 없는 보름달님</td></tr>
<tr><td colspan="2">
팔을 앞뒤로 흔든다.</td><td>
손을 오므렸다가 폈다가 반복한다.</td></tr>
<tr><td colspan="2">지나가던 누렁이</td><td>커겅컹컹 짖으면</td></tr>
</table>

<table>
<tr><td>
어깨를 으쓱으쓱 하는 동작</td><td></td><td></td></tr>
<tr><td>쭈뼛쭈뼛 꽁지 빼고</td><td>슬쩍 구름 뒤로</td><td>숨었네</td></tr>
<tr><td colspan="3"></td></tr>
<tr><td colspan="3">누렁아 제발 나를 보고 짖지 마</td></tr>
<tr><td>
손을 위아래로</td><td colspan="2">
아래에서 위로 동그라미를 만든다.</td></tr>
<tr><td>너 때문에 눈썹 없이</td><td colspan="2">열두 달을 살잖니</td></tr>
</table>

정가 / 판소리

- 정가는 정악(궁중음악)에 속하는 성악곡을 가리키는 말로, '우아하고 바른 노래'라는 뜻이 담겨 있다. 정가는 가곡, 가사, 시조의 3종 음악을 묶어 설명하는 용어이며 흔히 '가악'이라 부르기도 한다. 이 세 가지 음악은 사대부, 선비, 기녀, 중인 등이 정서적 욕구 충족과 정서 도야를 위하여 노래했다. 그러므로 정가는 사람의 감정을 절제하고 고상하고 품위 있게 노래해야 한다. 또한 조화로움과 바름을 추구하므로 노래의 절차와 격식을 지켜야 한다.

☞ 연습해 보자!

인터넷 검색창에 〈북천이 맑다하되〉를 검색해 동영상으로 감상하며 화음의 아름다움과 절제미를 감상해 본다. 음악에 맞춰 좌우로 몸을 흔들며 어울리는 박자를 몸으로 느껴본다. 박자를 느끼며 스카프를 흔들어 볼 수 있다. 아래는 〈북천이 맑다하되〉의 노래가사의 일부이다.

북천(北天)이 ᄆᆞᆰ다커를 우장업시 길을 나니
산의ᄂᆞᆫ 눈니오고 들에는 챤비온다
오늘은 챤비 마ᄌᆞ시니 얼어ᄌᆞᆯ가 ᄒᆞ노라

〈임제〉

- 판소리는 한 사람의 소리꾼이 고수의 북 반주에 맞추어 서사적인 이야기를 창(소리), 아니리(설명), 발림(몸짓)으로 연행하는 성악곡이다.

☞ 연습해 보자!

아동들과 함께 판소리의 3가지 구성요소를 넣어 창작 판소리극으로 만들 수 있다.
① 소리는 전래동요를 개사하고,
② 아니리는 운율을 넣어 해설하듯 말해보고
③ 발림은 종이를 부채로 접어, 접었다 폈다 하는 동작으로 창작해 볼 수 있다.

- 다음은 아니리가 들어 있는 창작국악동요이다. 먼저, 아니리와 소리가 익숙해지도록 노래를 부른다. 응용활동으로, 유아들이 믹서가 되어 보는 손유희를 해 볼 수 있다.

7. 믹서-피아노반주-C key 8. 믹서-피아노반주 9. 믹서-노래 10. 믹서-국악반주

믹서

자진모리 장단 정유나 작사/곡

(아니리) 얼음 달그락 톡톡 넣어 딸기를 와르르르

노랫말	동작 그림	동작 설명
〈아니리〉 얼음 달그락 톡톡 넣어		오른손으로 무엇을 들어 머리 안에 넣는 듯한 행동을 한다.
〈아니리〉 딸기를 와르르르		(앞의 동작을 반복한다.) 오른손으로 무엇을 들어 머리 안에 넣는 듯한 행동을 한다.

노랫말	동작 그림	동작 설명
무엇이든 돌려 빙빙 돌려		오른손바닥으로 맷돌을 돌리듯이 가슴 앞에서 돌린다.
작게 만들어라 고마운 도구 믹서		손바닥으로 작게 무언가를 만드는 시늉을 한다.
믹서가 되어라		한 손씩 들어 양쪽 귀 옆에 댄다.
내 몸이 빙빙빙		양손을 들어 양쪽 귀 옆에 대고 몸을 왼쪽, 오른쪽으로 기울인다.
시원한 주스 캬 좋다		손에 컵을 쥐고 있듯이 손 모양을 만들어 입으로 가져가며 마시는 시늉을 한다.
윙 윙 윙		양손을 하늘 위로 든 상태에서 몸을 원을 그리며 믹서가 흔들리는 시늉을 한다.

노랫말	동작 그림	동작 설명
똑딱		양손을 하늘 위로 든 상태로 멈춘다.
캬 좋다		박수를 친다.

시김새

- 시김새란 특징적인 국악의 표현법을 가리킨다. 다음은 다양한 시김새에 대한 설명이다. 대표적인 시김새에는 떠는 소리, 평으로 내는 소리, 꺾는 소리가 있다. 단, 일반인의 경우 굵게 떠는 소리, 잘게 떠는 소리의 구분이 어려우므로 굳이 구분하지 않고 '떠는 소리'로 총칭하여도 무리가 없다.

굵게 떠는 소리
소리를 굵고 길게 끌며 떤다.

밀어 올리는 소리
아래 음에서 위의 음으로 밀어 올린다.

끌어 내리는 소리
위 음에서 아래 음으로 끌어 내린다.

꺾는 소리
위의 음을 빠르게 꺾어 아래 음으로 내려온다.

소리를 위아래로 잘게 떠는 표시이다.

- 시김새 중 농음(떠는 소리)은 국악 입문자들이 표현하기에는 어려움이 있다. 유아들의 경우 떠는 소리를 내기 위해 목을 손으로 치거나 몸을 떨기도 한다. 농음을 내는 방법 중 하나는 입 모양을 변화시키는 것이다. '아'를 그냥 소리 내지 않고 '아으'를 반복해 내면 그 떨리는 효과를 낼 수 있다. 이 방법은 아래와 같이, 손가락을 허공에 대고 원을 그리며 소리 내면 쉽게 따라 할 수 있다. 손가락이 12시 방향을 향하게 놓고 '아' 발성을 한다. 손가락으로 한 바퀴를 돌려 다시 12시 방향이 되면 '앙' 소리를 낸다. 즉, 손가락을 한 바퀴 돌리며 '아 ________ 앙!' 소리를 낸다. 이 방법을 반복해 점점 더 빠르게 소리 내다 보면 어느새 '아앙아앙아앙아앙' 하며 농음을 낼 수 있게 된다. 이렇게 농음을 비롯한 다양한 시김새를 넣다 보니, '아리랑'이 아니라 '아흐리라앙'처럼 들리게 되는 것이다.

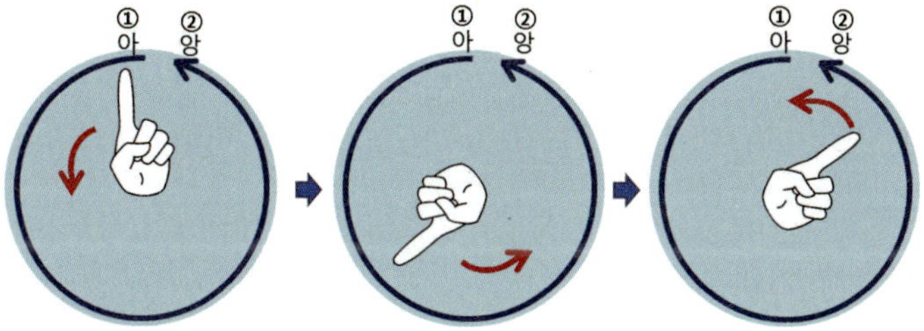

- 다음은 국악의 시김새를 연결하여 연습하는 방법이다.

자, 자전거를 타고 산을 오른다고 상상해 보자.

〈떠는 소리 연습〉
먼저, 산의 낮은 부분에 자갈밭이 있다. 자전거를 타고 올라가는 내 몸이 어떻게 될까.
어떤 목소리가 나올까. 그렇게 상상하며 '아'를 소리 내어 보자.

〈평으로 내는 소리 연습〉
중턱에서 평지를 만났다. 몸이 전혀 떨리지 않는다. 쭉 뻗어 '아' 소리를 내어 보자.

〈꺾는 소리 연습〉
고개를 넘어간다. 한 음 위에서 아래로 떨어지며 소리 낸다. '(한 음 위)아, (제자리 음)아–'

〈평으로 내는 소리 연습–앞과 같은 방법으로〉

〈떠는 소리 연습–앞과 같은 방법으로〉

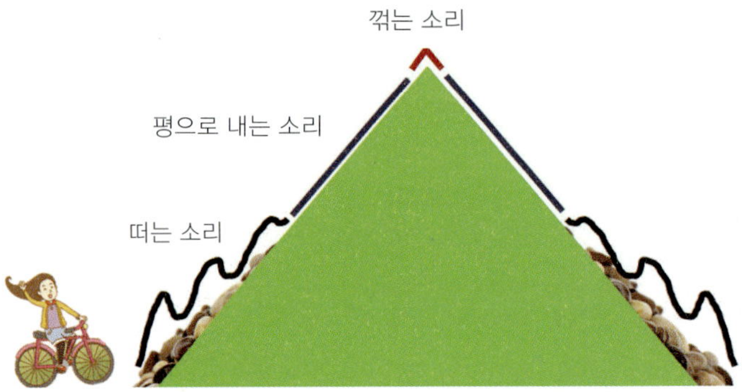

실제로 국악 중 노래하는 사람은 위와 같은 방법으로 목을 푼다. 점차 음계를 높여가며 시김새를 연습하여 고음과 저음일 때 부드러운 국악적 표현이 나오도록 연습한다. 다음은 창작국악동요 '시김새'이다. 다음의 순서대로 불러본다.

① 마디에서 앞 박에 강을 넣어 불러본다.

② 시김새의 특징을 살려 노래 부른다(단, 특징을 잘 살려 부를 수 있도록 곡의 빠르기를 천천히 노래 부른다).

- 셋째 단은 떠는 소리, 넷째 단은 평으로 내는 소리, 다섯째 단은 꺾는 소리를 연습할 수 있다. 마지막 단을 통해 앞의 시김새를 종합해 연습해 볼 수 있다.

11. 시김새–피아노반주–C key 12. 시김새–피아노반주 13. 시김새–노래 14. 시김새–국악반주

시김새

자진모리 장단

정유나 작사/곡

5주차

❖ 유아 마당극의 이론

❖ 유아 마당극의 실제

유아 마당극의 이론

① 등장인물 및 의상

배우들은 극 전체의 흐름을 깨뜨리지 않으면서 적절히 즉흥적 응답을 하는 능력을 갖추어야 한다. 배우와 관중이 서로 집단적인 대화를 하듯 호흡한다. 신명을 유발하는 의상과 사실적이기보다는 특징적인 분장을 하거나 탈을 쓰기도 한다.

② 시작과 끝

축제나 행사에서 하는 마당극은 행사의 다른 프로그램과 어우러져야 하며 관중을 연극 공연으로 이끌어오고, 연극이 끝난 후에는 생활로 되돌아가게 하는 장치들이 필요하다. 풍물패를 앞세운 길놀이를 하거나 모인 관중에게는 그들이 극 진행과정에서도 집단성과 자발성을 유지할 수 있도록 함께 노래를 부르거나 박수 치고 소리 지르는 연습을 하기도 한다.

③ 무대

주로 땅바닥이나 마룻바닥 같은 곳에 관중이 둘러앉는 열려진 원형판에서 공연하며 무대는 세트를 거의 쓰지 않고 한쪽에 대형 걸개그림을 걸거나 깃발, 여러 용도로 사용되는 긴 천 등이 스펙터클(웅장하고 화려한 장면)을 만들어 준다. 무대장치 등을 거의 두지 않은 텅 빈 공간과 사소한 소품들을 놀이적으로 운용한다(조은지, 2011).

④ 음악

사물(꽹과리, 징, 장구, 북)로 길놀이에서부터 춤의 반주, 효과음 등을 두루 사용한다. 유아들이 배운 창작국악동요나 전래동요, 민요를 개사해 녹음해 배경음악으로 활용할 수 있다. 공연을 위해 모든 것을 새롭게 배우거나 기획하게 되면 유아들에게 부담이 될 수 있으므로 새 노래 지도 시간에 전래동요, 민요를 배운 후 응용활동으로 '배운 노래 개사하여 부르고 녹음하기'를 한다.

유아 마당극의 실제

① 스토리 정하기

어린 연령의 유아일수록, 처음 유아 마당극을 시도하는 경우라면 기존에 경험해 본 동극용 대본을 이용하는 것이 좋다. 유아를 대상으로 하므로 유아에게 익숙하고 유아들이 친숙하게 대사를 주고받을 수 있는, 반복이 많고 짧은 이야기를 선정한다.

② 기승전결로 나누어 대본으로 만들기

이야기의 단락을 나눠본다. 이야기의 흐름으로 보았을 때 전환점이 되는 지점을 잘라 나눠본다. 이야기를 나눠보는 경험을 통해, 유아들은 이야기를 기억하기에 용이하며 극으로 구체화하는 데에 도움이 된다. 이때 교사는 유아가 놓칠 수 있는 중요한 대사나 움직임이 될 만한 부분을 질문해 가며 이야기 정리를 돕는다.

③ 대본으로 극화하기

연기, 노래, 연주, 춤, 놀이의 역할을 배분해 본다. 어느 부분을 노래로, 어느 부분을 대사로, 어느 부분에 연주나 동작을 해야 할지 대본으로 꾸민다. 동극처럼 배경을 꾸미거나 준비물을 준비할 수 있다.

④ 역할을 나누어 모둠 연습한다.

유아들이 각 역할(연주, 노래, 배우 등)을 대집단 수업으로 한 번씩이라도 경험해 보도록 한다. 극의 흐름상 어떤 역할을 맡는 것인지 파악이 되고 어느 정도 연습이 가능해 진 뒤 모둠 연습으로 들어간다. 만들기를 하거나 교실에 있는 물건을 활용해 준비물을 준비함으로 극이 훨씬 더 풍성해질 수 있다.

오산대학교 평생교육원
아동국악지도자 과정
유아 마당극 장면

전래동요를 활용한 유아 마당극

어디까지 왔나

옛날 옛날 어느 한 마을에! 장쇠 아저씨가 살고 있었지! (쿵! 딱! – 장구)
장쇠 아저씨네 집에는! (부채)크~은 배가 한 척 있었지!
어느 날! 장쇠 아저씨는 배를 끌고 (부채로 멀리 가리키며)저~ 강으로 나갔어.
그때! (쿵! 딱! – 장구)
저~기서 토끼가 깡충깡충하고 뛰어오며 물었지. "아저씨, 나도 따라가도 돼요?"
장쇠 아저씨는 말했지. "그러렴, 하지만 깡충깡충 뛰면 안 된다."
저~기서 고양이가 살금살금 걸어오며 말했지. "야옹, 나도 따라가도 돼요?"
장쇠 아저씨는 말했지. "그러렴. 하지만 토끼를 쫓아다니면 안 된다."
저~기서 양이 걸어오며 물었지. "매에에, 나도 따라가도 돼요?"
장쇠 아저씨는 말했지. "그러렴. 하지만 시끄럽게 울면 안 된다."
이번엔 저기서! 닭이 날개를 푸드덕거리며 말했지. "꼬꼬댁, 나도 따라가도 돼요?"
장쇠 아저씨는 말했지. "그러렴. 하지만 날개를 푸드덕거리면 안 된다."
얼마 동안 (부채 펴고) 모~두 배를 타고 한바탕 신나게 노래를 부르는데! (부채 접고) 얼쑤! (장구)

■ 원곡

어디까지 왔나

전래동요

자진모리 장단

■ 개사 소리부분 연습하기

곡의 등장인물의 행동을 상상하며 적절한 의태어나 의성어를 넣어 개사해 본다. 예를 들어, '어디까지 왔나/깡충깡충 다닌다'라고 개사해 볼 수 있다.

어디까지 왔나(개사)

전래동요

자진모리 장단

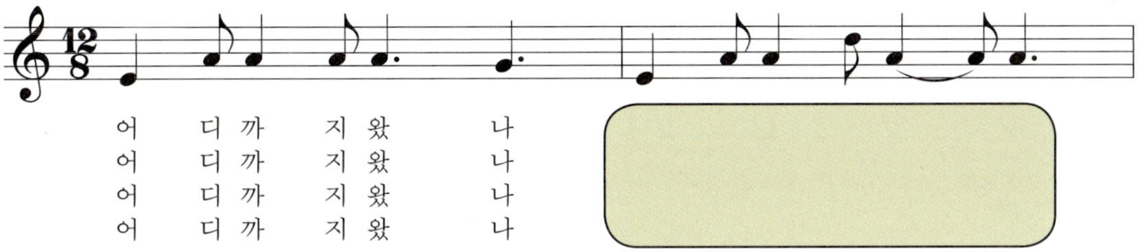

그러다! (쿵쿵쿵쿵쿵쿵-장구(작게) 갑자기! (딱!-장구)
(부채로 가리키며) 토끼는 깡충깡충 뛰어다니고!
(부채로 가리키며) 고양이는 토끼를 쫓아다니고!
(부채로 가리키며) 양은 시끄럽게 울고!
(부채로 가리키며) 닭은 푸드덕거리고!
그러자! 배가 기우뚱!(더러러러-장구)
모두들 물속으로 풍덩(덩-장구) 빠져 버렸지!

장쇠 아저씨며, 토끼며, 고양이며, 양이며, 닭이며, 모두들 강둑으로 기어올라와 따뜻한 햇볕 아래서 몸을 말렸지.

장쇠 아저씨와 동물들은 덩실~ 덩실~ (어깨춤) 춤을 추며 집으로 돌아갔어.

5 여는 마당(부분) 꾸미기

상쇠(꽹과리를 치는 선두, 대장)는 꽹과리를 느리게 한 타씩 치기 시작하여 점점 빨리 난타한다. 꽹과리 소리에 맞춰 몸의 움직임도 함께 한다. 즉, 발 걸음걸이가 꽹과리 소리와 함께 점점 빨라진다. 처음에는 느리게 걷다가 점차 빨라지며 종종걸음으로 달린다. 상쇠, 기수(깃발을 들고 있는 사람), 등장배역의 순으로 일렬로 행진하며 강당을 돈다.

극의 앞, 뒤에는 인사장단을 사물악기로 합주한다.

부호	⦶	⦶		⦶	⦶		⦶⦶	⦶	⦶	⦶		⊗	인사		
장구 입장단	덩	덩		덩	덩		더더	덩	덩	덩		딱	인사		

※ 마지막에 인사할 때는 장구로 쿵~, 징~을 연주하거나 난타(마구 두드림)한다.

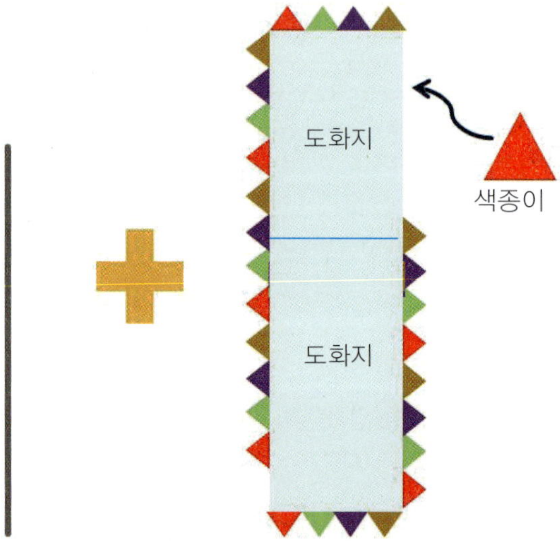

기수가 들고 나갈 깃대는 옆의 그림과 같이 준비할 수 있다.

준비물: 긴 막대, 도화지 2장, 색종이, 가위, 풀, 크레파스

동물 탈의 경우 아래와 같은 두 가지 방법으로 간단히 준비할 수 있다. 왼편은 백업을 이용하여 제작하는 방법이고, 오른편은 종이 가방을 이용하여 제작하는 방법이다.

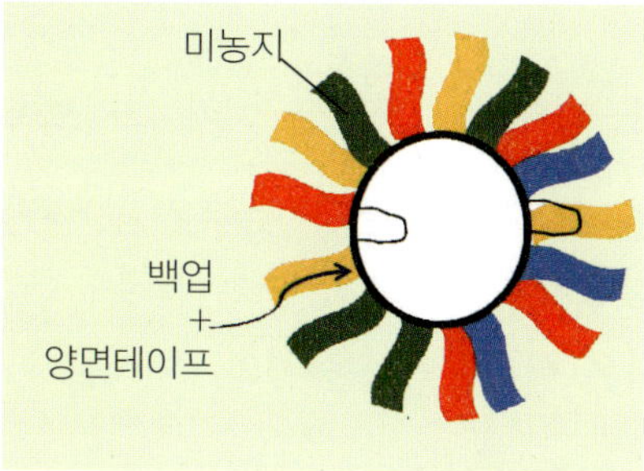

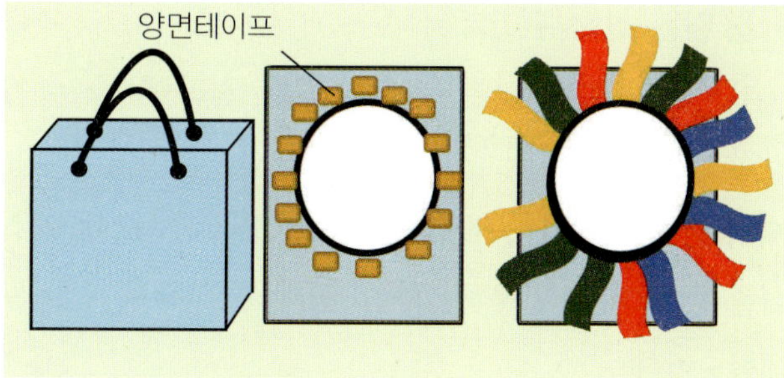

활동하는 데 움직임을 더해 주기 위해 작은 움직임에도 움직임이 커 보이는 한삼을 준비해 줄 수 있다. 혹 유아들이 한삼을 끼고 활동해 본 경험이 없다면 먼저 한삼에 대한 탐색과 용도에 대해 먼저 알려주는 이야기나누기가 수반되어야 한다.

무용도구를 보면 빨강, 파랑, 노랑, 하양, 검정의 5가지 색이 주로 사용되는 것을 볼 수 있다. 참고로, 우리 조상들은 세상을 이루는 기본 색상을 빨강, 파랑, 노랑, 검정, 하양, 다섯 가지라고 보았다. 이를 오방색 혹은 오정색이라 한다. 빨강은 생명을 낳고 지키는 힘, 여름, 남쪽을 뜻한다. 또한 빨강은 나쁜 귀신을 쫓는 힘도 있다고 믿어 동지에 붉은 팥죽을 끓여 먹는 풍습이 있기도 하다. 아이가 태어나면 붉은 고추를 대문에 매달고 부적을 쓸 때 붉은색으로 글씨를 쓰는 이유도 여기서 비롯된다. 노랑은 흙을 상징하는 색으로 비옥함, 풍요로움을 뜻한다. 동서남북 네 방위의 한 가운데를 상징하며 어느 쪽으로도 치우치지 않는 중앙을 나타낸다. 파랑은 봄의 신선한 기운, 생기, 만물의 성장, 나무를 뜻하며 동쪽을 나타낸다. 하양은 빛을 상징하는 색으로 신성함, 깨끗함을 뜻한다. 방위로는 서쪽을 가리키며 가을을 나타내는 색이다. 우리 조상들은 하양을 좋아해, 옷으로 즐겨 입고(백의민족) 울타리에도 흰색 꽃인 찔레꽃을 심었다. 검정은 북쪽, 겨울, 물을 상징한다. 겨울이 지나야 만물이 소생하는 봄이 오듯, 만물의 소생과 흐름, 변화를 준비하는 의미로 검정을 보았다.

⑥ 닫는 마당 꾸미기

유아들과 함께 닫는 마당을 꾸며 창작해 볼 수 있다. 전체적인 동선을 미리 그려보아 안전에 유의하며 극을 꾸밀 수 있도록 준비한다. 다음은 닫는 마당을 꾸민 예시이다. 물에 빠진 아저씨와 동물들이 나오는 닫는 마당에 맞춰 강강술래에 나오는 〈덕석몰자〉, 〈덕석풀자〉 노래를 활용해 개사하였다. 오른쪽에 있는 곡선은 실제 〈덕석몰자〉와 〈덕석풀자〉 대형도이다.

☞ 검색엔진 〉 덕석몰자, 덕석풀자

15. 물속으로 들어간다–피아노반주–C key

16. 물속으로 들어간다–피아노반주

17. 물속으로 들어간다–노래

18. 물속으로 들어간다–국악반주

※ 반 평균 인원을 두 그룹으로 나누어 한 그룹의 인원인 10명 정도를 기준으로 한 활동 노래이다. 인원수를 감안하여 노래를 더 반복하여 녹음하여 사용한다.

노랫말	대형도	동작 그림
(외치듯이. 메기는 소리) "물속으로 들어간다" (받는 소리) "물속으로 들어간다." x 2회 (다 함께. 노래로) 간다간다 들어간다 물속으로 들어간다 x 2회	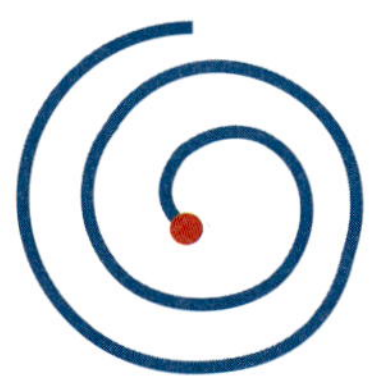	
(외치듯이. 메기는 소리) "물 밖으로 나오너라" (받는 소리) "물 밖으로 나오너라." (다 함께. 노래로) 나오너라 나오너라 물 밖으로 나오너라 x 2회		

19. 물 밖으로 나오너라-피아노반주-C key
20. 물 밖으로 나오너라-피아노반주
21. 물 밖으로 나오너라-노래
22. 물 밖으로 나오너라-국악반주

노랫말	대형도	동작 그림
(다 함께. 노래로) 나오너라 나오너라 물 밖으로 니오너리 x 2회		
(징~) "다 나왔다!" (모두 만세를 한다.)	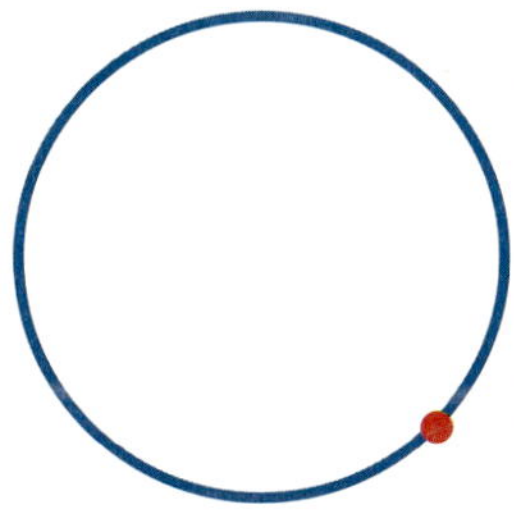	

※ 위 노래는 강강술래 중 〈덕석몰자〉, 〈덕석풀자〉의 노랫말을 이야기 내용에 맞게 개사한 것이다.

☞ **연습해 보자!**

다음은 창작 어린이 마당극 〈커다란 낙엽〉의 대본이다. 위와 같은 방법대로 구성한 마당극이다. 마당극을 진행할 때는 1차시 수업으로 마당극을 실행할 수 없다. 각 파트별 연습을 요한다. 이에 성인과 유아 모두 마당극을 하기 위해서는 여러 차시에 걸쳐 진행되어야 한다. 다음의 순서대로 연습해 본다.

① 대집단으로 각 파트(기수, 연기, 북 난타, 사물놀이)의 내용을 여러 차시에 걸쳐 활동해 각각의 파트가 어떤 활동인지 알게 해야 한다.
② 희망하는 역할(파트)을 선택한다. 단, 교사는 모둠의 인원이 너무 많거나 적지 않도록 격려해 고르게 선택할 수 있도록 돕는다.
③ 모둠별로 나눠, 교사는 익숙해질 수 있도록 유아들의 연습을 돕는다. 사물놀이 악기의 경우 여러 사람들을 모이게 하기 위한 길놀이 악기이다. 그러므로 악기연주의 경우 다른 유아들의 놀이에 방해가 될 수 있으므로 악기 위에 모포를 덮어 음량을 줄여준다.

■ 악기세팅 및 대형도

기수 모둠에 이어, 한 줄 서기하여 마당극 모둠이 들어간다.

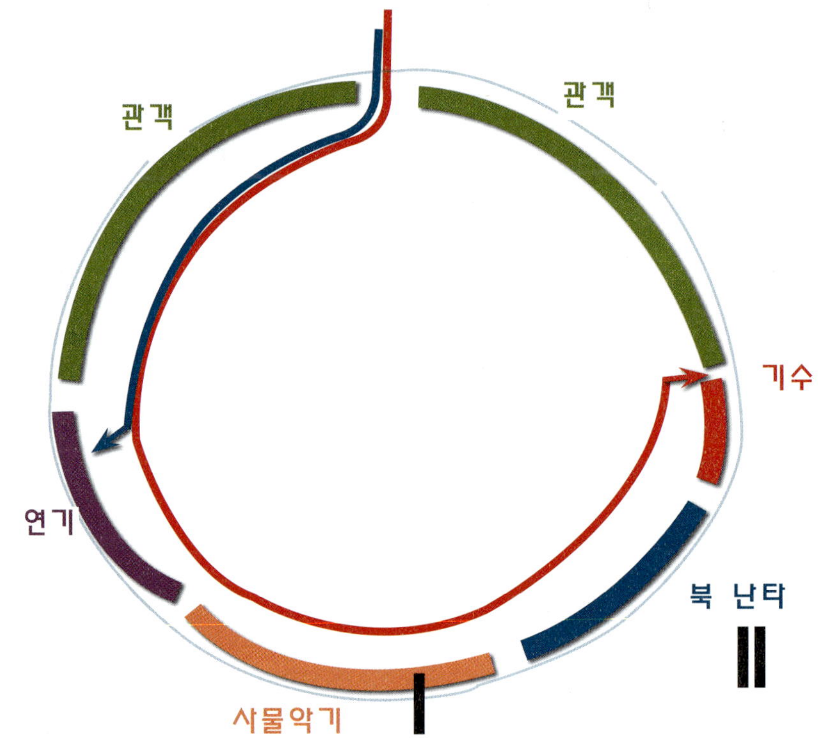

※ 시작 세팅 시, 관객, 연기, 사물악기, 북 난타 모둠은 이미 지정된 자리에 앉아 있다.

단, 사물악기 세팅 시 북채는 1개만, 북 난타는 양손으로 연주하고 북채는 2개를 준비해 놓는다.

유아 마당극 <커다란 낙엽>

극본 정유나

1. 여는 마당 - 기수, 연기 모둠 입장

- 징 (1타 친다.)
- 상쇠 입장하랍신다!
- 사물악기 (점고: 1타씩 점점 빠르게 난타한다.)

  덩 덩 덩 덩 덩 덩 덩 덩덩더러러러~~~

상쇠 (빠르고 짧게 구령한다.) “어이!”

사물악기 (점고: 1타씩 점점 빠르게 난타한다.) 덩 덩 덩 덩 덩 덩 덩 덩덩더러러러~~

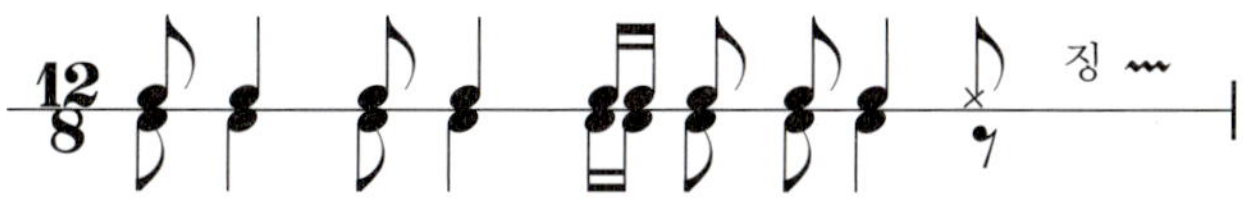

기수 (깃발을 들고 사물악기 연주 빠르기와 동일한 걸음걸이로 점점 빠르게 달려, 공연장을 원을 그리며 돌아 기수 모둠 자리에 앉는다.)

2. 북 난타

- 징 (1타 한다.)
- 상쇠 북 난타 하랍신다~
- 북 난타 모둠장

  (시작의 의미로 큰 소리로 다음의 구령을 짧고 큰 소리로 외친다.)어이!
- 북 난타 (대문놀이 MR에 맞춰 아래의 장단을 연주한다.)

3. 연기 <커다란 낙엽>

고수(북 반주자) (배경음악이 나온다. 북으로 연주한다.) 둥딱!

해설자 시원~한 바람이 불어오는 가을이 왔다네. 단풍은 붉게 물들고 잎이 마른 나뭇잎들은 낙엽이 되어 떨어지는데. 여~기, 숲속 친구들이 보이네. 여름 동안 열심히 일한 개미, 흙을 파는 장수풍뎅이, 넓은 들녘을 누볐던 메뚜기, 제 아름다운 날개를 뽐내던 나비가 시원한 나무 그늘 밑에 모여 있다네. 그때여, 시원~한 바람이 불어 낙엽 하나가 숲속 친구들 머리 위에 떨어지는데(둥딱!)

숲속 친구들 "어, 이게 뭐지?"

개미 "이건 아주 커다란 코끼리 엉덩이일거야. 너무 커서 내 몸이 가려지는걸."

장수풍뎅이 (고개를 가로저으며)"이건 아주 커다란 이불일거야. 무겁지 않은걸."

메뚜기 (고개를 가로저으며)"이건 아주 커다란 배일거야. 축축하잖아."

나비 (고개를 가로저으며)"이건 아주 커다란 날개야. 어디 한 번 나에게 맞나 대어 볼까?"(나비는 날개를 쭉 펼쳐본다.)

고수(북 반주자) (징을 연타하되, 점점 크게쳤다가 다시 점점 작게 치기를 2회 반복한다.)

해설자 다시 낙엽이 슬~쩍 들춰진 틈 사이로 가을바람이 불어오고, 이어 낙엽이 날아가버렸다!

개미 "아뿔싸, 낙엽보고 코끼리 엉덩이라니."(부끄러워하며 숲으로 들어간다./난타)

장수풍뎅이 "아뿔싸, 낙엽보고 이불이라니." .(부끄러워하며 숲으로 들어간다./난타)

메뚜기 "아뿔싸, 낙엽보고 배라니." ."(부끄러워하며 숲으로 들어간다./난타)

나비 (날아가는 낙엽을 바라보며)"아뿔싸, 낙엽보고 날개라니."(부끄러워하며 숲으로 들어간다./난타)

사물악기 얼~쑤! (꽹과기, 장구, 북)덩덩 덩덩 더더덩덩 덩 덕 (징만)징~

관객 (추임새)좋~다! 잘한다~

출처: 정유나 외(2014). 3·4세 누리과정 교수자료 세트. 아이코리아.

대문놀이

전래동요

자진모리 장단

※ 북은 장구의 왼손(북편) 연주 시에만 연주한다. 즉, 리듬치기표의 아랫부분만 연주하면 된다.

4. 닫는 마당-사물악기 <별달거리>

■ 연주

갠	갠	갠 지	갠	갠 지	갠 지	갠 지	갱	갠 지	갱	갠 지	갱	갠 지	갠 지	갠 지	갱
덩	덩	쿵 따	쿵	덩 따	쿵 따	쿵 따	쿵	덩 따	쿵	덩 따	쿵	덩 따	쿵 따	쿵 따	쿵
둥	둥	두	두	둥	두	두	두	둥	두	둥	두	둥	두	두	두
징				징				징		징		징			

■ 사설

하늘	보고	별을	따고	땅을	보고	농사	짓고	갠	갠	갠 지	갠	갠 지	갠 지	갠 지	갱
올해	도	대풍	이요	내년	에도	풍년	일세	덩	덩	쿵따	쿵	덩따	쿵따	쿵따	쿵
달아	달아	밝은	달아	대낮	같이	밝은	달아	둥	둥	두	두	둥	두	두	두
어둠	속의	불빛	이	우리	네를	비춰	주네	징				징			

별달거리 연주 후에는 전래동요를 틀고 자유롭게 춤을 추거나 원대형을 만들어 강강술래를 하며 놀이할 수 있다. 남은 여흥을 즐기는 자유로운 시간을 갖는다.

6주차

❖ 유네스코

❖ 한국의 인류무형문화유산

유네스코

UNESCO
United Nations Educational, Scientific and Cultural Organization

유네스코 한국위원회
Korean National Commission for UNESCO

출처: 청주 연합뉴스(jeonch@yna.co.kr).

정작 세계인들은 우수하다고 평가하며 보호하자고 하는 문화유산인데 우리는 소홀히 대하는 경우가 있다. 이에 유네스코에서 인정한 우리나라 문화유산에 대해 알아보고 객관적으로 어떤 점이 우수한지에 대해 유아들에게 전달할 수 있는 방법에 대해 고민해 보고자 한다. 현장교사들에게 강의를 하다 보면, 문화유산의 어떤 점에 초점을 맞춰 지도해야 하는 지 고민하는 교사들의 모습을 보게 된다. 비교육적인 설화나 유래를 어떻게 전달해야 하는지, 종교적인 색채를 띠고 있는 문화의 경우는 다루지 말아야 하는지 등등에 대한 고민이다. 지도할 가치가 있는지 아닌지를 따지기 이전에 우리가 문화유산에 대해 아는 일이 먼저라고 생각한다.

유네스코는 교육, 과학, 문화 등 다양한 활동분야의 국제협력과 세계평화를 위한 인류 발전을 증진시키기 위해 창설된 유엔전문기구이다. 유네스코(UNESCO)는 '국제연합 교육, 과학, 문화 기구(United Nations Educational, Scientific and Cultural Organization)'의 약자이다. 인류는 두 차례의 세계대전을 겪으며 정치, 경제, 군사 등의 물리적 힘만으로는 이룩할 수 없다는 필요성을 느끼게 되었다. 그리하여 지속적인 평화를 위해 궁극적으로는 인류의 지적, 도덕적 연대를 구축해야 하기 위해 유네스코가 창설되었다.

제2차 세계대전 중인 1942년 ~ 1944년 동안, 연합국 교육 장관들은 영국 런던에 모여 전쟁으로 황폐해진 교육의 기틀을 다시 세워 세계 평화에 기여할 수 있는 방안을 의논하고 이에 국제기구를 창설하기로 하였다. 1945년 11월 16일 영국 런던에서 모인 유네스코창설준비위원회 37개국 대표들은 '유네스코 헌장'을 채택하게 되었다.

과거의 모습을 보전하고 전달해야 하는 것이 현재를 살아가는 우리의 의무이다. 이 모든 모습이 문화유산이다. 문화유산은 다양하기에 각각의 보전 가치가 있는 것이다. 다른 문화를 인정하고 개별의 가치를 인정하는 작업을 유네스코가 하고 있다. 언어나 의상, 전통, 사회를 형성하는 방법, 도덕과 종교에 대한 관념, 주변과의 상호작용 등 사람들 사이의 문화적 차이를 인정해야 한다. 이러한 문화다양성을 보호, 증진, 유지하는 것은 현재와 미래 세대의 지속 가능한 발전을 위하여 반드시 필요하다.

문화유산의 종류로는 무형(형태가 없는 것, 예: 인간문화재)과 유형(형태가 있는 것. 예. 궁)이 있다. 무형문화유산은 전통문화인 동시에, 살아있는 문화이다. 공동체와 집단은 자신들의 환경, 자연, 역사의 상호작용에 따라 끊임없이 재창조해 온 각종 지식과 기술, 공연예술, 문화적 표현을 한다. 이러한 무형문화유산은 공동체 집단적인 성격을 가지고 있으며, 주로 구전에 의해 전승된다.

1997년 제29차 총회에서 산업화와 지구화 과정에서 급격히 소멸되고 있는 무형문화유산을 보호하고자 '인류 구전 및 무형유산 걸작 제도'를 채택했다. 무형문화유산의 중요성에 대한 국제사회의 인식이 커지면서, 유네스코 총회는 2003년에 무형문화유산 보호 협약을 채택하였다. 이 협약은 국제사회의 문화유산 보호 활동이 건축물 위주의 유형 문화재에서, 눈에 보이지 않지만 살아 있는 유산인 무형문화유산의 가치를 새롭게 인식하였다는 점에 그 의의가 있다.

무형문화유산 보호를 위한 국제사회의 관심이 높아져 가고 있는 한편으로 아직도 세계화와 급속한 도시화, 문화 통합 정책과 더불어 젊은 세대의 관심 부족으로 인해 많은 무형유산이 사라지고 있어 매우 안타깝다. 지금 우리가 쉽게, 당연하게 누리고 있는 문화유산이 우리 아이들 세대에는 보기 어려울 수도 있다는 사실이 슬프기까지 하다.

한국의 인류무형문화유산

※ 아래, 기록된 인류무형유산의 순서는 2001년부터 2016년 9월, 본 교재 출간 이전에 유네스코에 등재된 문화유산으로 구성되어 있다. 유네스코에 등재된 순서로 정리되어 있으나 등재된 문화유산의 명칭이 음악으로서의 국악과 직접적인 연관성이 없는 경우 제외하여 기록하였다. 2016년 이후 등재된 국악관련 문화유산이 있다면 아래 출처를 참고하여 추가로 다룬다.

출처: 유네스코 한국위원회 홈페이지 〉 사업활동 〉 문화유산 〉 유네스코세계유산 더 알아보기.

☞ 조사해 보자!

아래의 한국 인류무형문화유산 이름을 검색(예. 종묘제례악)하여 자료를 찾아보고 정리한 다음 소개한다. 본 활동을 통해 예비 유아교사들은 우리 문화에의 자긍심을 갖고 자신이 이해한 바대로 동료에게 소개함으로써 스스로 학습에 유익하다.

활동방법

① 반 인원을 8개 조로 나누고 종이에 아래에 제시된 8개 명칭을 써 넣어 제비뽑기를 한다.
② 자신이 뽑은 문화유산의 명칭을 검색어로 넣어 정의, 등재이유 및 문화적 가치, 내용, 동영상을 조사하여 정리한다.
③ 조별로 나와 동료들에게 조사한 내용을 발표한다.
※ 청자들은 다른 조의 발표를 들으며 유아들에게 본 문화유산을 소개한 뒤 직접 실제로 해 볼 응용활동 아이디어를 생각해 놓는다.
④ 조별 발표가 끝난 후 청자들은 자신이 생각한 응용활동을 발표한 뒤 토론한다.
⑤ 좋은 아이디어를 구체화시켜 교안으로 작성해 보고 모의수업 해 본다. 교수는 추후 방향을 지켜보고 기말과제로 내어 줄 수 있다.

※ 문화유산을 소개하고 적용함에 있어, 그 유래나 설화에 미신적 요소나 성(性)적인 내용이 있으므로 유아들을 대상으로 교육하기 어려울 수 있다. 이 경우 굳이 유래나 설화에 얽매이지 말고, 문화유산의 '드러나는 표현'에 초점을 맞춰 소개하도록 한다. 동작에서 나타나는 선의 아름다움, 복식, 무대장치, 탈이나 도구의 생김새, 무용음악 감상적 특징 등에 대해 이야기 나눈다.

1 종묘제례(宗廟祭禮) 및 종묘제례악(宗廟祭禮樂)

종묘제례는 조선시대의 역대 왕과 왕비의 신위(죽은 자의 영혼이 의지할 자리. 이름을 적은 나무패를 일컬음)를 봉안(시신을 화장하여 그 유골을 항아리에 넣는 것)한 종묘에서 지내는 제사이다. 종묘제례는 종묘제례악에 맞춰 거행된다. 그 절차를 보면 선행절차 → 취위(제사가 시작하기 전에 제관들이 정해진 자리에 배치됨) → 영신(조상신을 맞이함) → 신관례(왕이 제실까지 가서 향을 피워 신을 맞아들임) → 진찬(음식과 고기를 드림) → 초헌례(초헌관이 술을 올리고 절하며 축문을 읽음) → 아헌례(신에게 둘째 술잔을 올림) → 종헌례(마지막 술잔을 올림) → 음복례(제사에 쓴 술이나 음식을 나누어 먹음) → 철변두(제상에 놓인 고기나 과일을 거둠) → 송신(조상신을 보냄) → 망료(제례에 쓰인 축문과 폐를 태움) → 제후처리의 순이다.

종묘제례는 유교절차에 따라 거행되는 왕실의례이며 이를 통해 동양의 기본이념인 '효'를 국가차원에서 실천함으로써 민족공동체의 유대감과 질서를 형성하는 역할을 한다.

종묘제례악은 종묘제례가 진행되는 동안 연주되는 음악이며 악기연주, 노래, 춤이 함께 연행되는 종합예술의 형태를 띠고 있다. 종묘제례악은 편종, 편경, 방향과 같은 타악기가 주선율을 이루고, 여기에 당피리, 대금, 해금, 아쟁 등 현악기의 장식적인 선율이 더해진다. 또한 장구, 징, 태평소, 절고, 진고 등의 악기가 노래와 중첩되면서 그 어떤 음악에서도 느끼기 어려운 중후함과 화려함을 구사한다. 정전 앞 계단 위(상월대)에서 노랫말이 없는 음악을 연주하는 악단은 '등가'라 하고, 계단 아래 뜰(하월대)에서 노랫말 있는 음악을 연주하는 악단은 '헌가'라고 부른다.

연주되는 곡명은 '보태평'과 '정대업'인데, 이 두 곡은 간결하고 힘찬 노래로 위대한 국가를 세우고 발전시킨 왕의 덕을 찬양하는 내용으로 되어 있다. 종묘제례악이 연주되는 동안, '일무'라는 무용을 춘다. 일무에는 문무와 무무가 있는데, '문무'는 학문과 법령으로 세상을 다스리는 것을 기르기 위해 춘다. 일무는 사람을 여러 줄로 벌려 세워서 추게 하는 춤을 말한다. 실제 관람해 보면, 일무는 무용이라기보다는 의식적인 움직임에 가까워 보이는 간단한 동작이다. 같은 춤동작을 반복하며 춘다. 특이한 점은 무용을 하는 사람들의 왼손에는 피리 종류인 약을, 오른손에는 깃털을 단 석(翟)을 들고 춤을 춘다.

한편, '무무'는 선왕들의 무공을 칭송하는 춤으로, 나무로 만든 칼과 창, 활과 화살을 들고 춘다. 종묘제례악에 나오는 악기의 모습 및 연주법에 대해서는 백과사전, 사진과 동영상으로 찾아본다. 검색해 볼 악기의 예를 들면, 어, 축, 편종, 편경, 박, 뇌도 등이 있다.

'어'로 연주하기

활동목표

- 종묘제례악과 그에 쓰이는 악기에 대해 알아본다.
- '어'의 특징을 살려 재활용품을 이용한 만들기에 즐겁게 참여할 수 있다.
- 내가 만든 악기를 즐겁게 연주해 볼 수 있다.

누리과정 관련요소

- 예술경험 〉 예술 감상하기 〉 전통예술 감상하기
- 예술경험 〉 예술적 표현하기 〉 미술활동으로 표현하기, 통합적으로 표현하기
- 예술경험 〉 아름다움 찾아보기 〉 음악적 요소 탐색하기, 움직임과 춤 탐색하기, 미술적 요소 탐색하기

활동자료

- 사전 활동 시 만든 악기 '어'

활동방법

〈사전활동〉

❶ 종묘제례악에 대해 이야기를 나눈다.

- 종묘제례악에서 종묘라는 뜻이 무엇인지 알고 있니?
- 종묘제례악이란 조선시대의 역대 왕과 왕비의 신위를 봉안한 종묘에서 지내는 제사를 '종묘제례'라고 한단다. 제례라는 말은 제례악(제사음악)에 의해 제사를 지낸다는 것이란다.

❷ 종묘제례악 중 보태평 '희문'을 감상한다.

- 이 음악을 들어본 적이 있니?
- 어디에서 들어본 것 같니?

- 음악의 느낌은 어떠니?
- 음악을 감상하니 어떤 장면이 떠오르니?
- 음악의 빠르기는 어떤 것 같니?
- 음악에 어떤 악기가 사용되었을까?
- 종묘제례악에서 동물 모양을 한 악기가 있었는데 어떤 동물이었는지 알고 있니?

③ 종묘제례악 중 악기 '어'에 대해 이야기 나눈다.
- 이 악기의 모양은 어떻게 생겼니?
- '어'라는 악기의 소리가 어떠했니?
- '어'라는 악기를 함께 만들어보자.
- 어떤 재료가 필요할까?
- 진짜 '어'처럼 소리를 내기 위해서는 무엇으로 만들면 좋을까?

④ 종묘제례악의 악기 '어' 악기 만들기 활동과 재료를 알아본다.
- 모둠별로 공동 작품 악기를 만들어보자.
- 무엇을 사용해서 만들어 볼 수 있을까?
- '어'와 비슷한 소리가 나는 물건을 찾아보자.
- (재활용품을 제시하며) 이것을 어디에 사용할 것 같니?
- 빨래판을 이용해 '어'를 만들어 볼 수 있을까?
- 또 활동을 위해 무엇이 필요할까?
  (같은 방법으로 준비된 재료에 대하여 이야기 나눈다.)

⑤ 완성된 모둠 활동 작품 '어'에 대해 회상하고 평가한다.
- 종묘제례악 중 보태평 '희문'을 감상해 보니 어땠니?
- '어'를 만들어보니 어땠니?
- 이 악기를 이용해서 어떤 노래를 연주하면 좋을까?

〈본 활동〉

'어'로 연주해 보기

❶ '어'에 대한 경험을 회상하며 이야기 나눈다.

- ('어'를 감상하며) 이 악기를 본 적 있니?
- 이 악기를 어디에서 보았니?
- 소리를 들어본 적이 있니?
- '어'에서 어떤 소리가 났니?
- '어'는 어떻게 연주하는 것일까?
- '어'는 언제 연주할 때 사용하던 악기일까?

❷ 오늘의 활동과 악기들을 알아본다.

- 어떤 노래에 연주해보고 싶니?
- 합주를 하기 위해 어떤 악기를 더하면 좋을까?

❸ 동요에 맞춰 악기를 연주한다.

예 동요 '가을길' (김규환 작사/곡)

노랗게 노랗게 물들었네 / 빨갛게 빨갛게 물들었네 /
파랗게 파랗게 높은 하늘 / 가을 길은 고운 길 /
트랄랄랄라 트랄랄랄라 / 트랄랄랄랄라 노래부르며 /
산 넘어 물 건너 가는 길 / 가을 길은 비단 길

- 어느 부분에 '어'를 이용해서 연주를 해 볼까?
- '빨갛게 빨갛게~' 부분에서 '어'를 연주해 보자.

참고사항

- 사전활동으로 '해설이 있는 종묘제례악' https://www.youtube.com/watch?v=evJZ1y8OXiM을 감상해 보거나 소리를 들려주는 펜(세이펜)을 활용한 『덩더꿍 거북의 국악기 나들이』(2009, 정현경, 여원미디어 한국가드너)라는 그림책을 통해 우리나라의 다양한 악기들에 대해 알아볼 수 있다.

<종묘제례악이란?>

종묘는 조선 시대 왕과 왕비의 신위를 모셔 놓은 사당으로, 쉽게 말하면 제사를 지내는 곳이다. 옛날, 종묘에서 제사를 지낼 때에는 음악을 연주하고 춤을 추었다. 그때 사용되는 음악을 '종묘제례악'이라고 부른다.

② 판소리

'판소리'는 한 명의 소리꾼과 한 명의 고수(북 치는 사람)가 음악적 이야기를 하는 한국 성악 장르이다. 판소리는 연기, 연주 등의 다양한 종합예술 형태로 구성된다. 극의 상황이나 분위기를 설명하는 말을 하는 부분인 '아니리', 일반적으로 판소리라고 알고 있는 노래를 하는 부분인 '소리', 부채를 펼치거나 가리키거나 앞, 뒤로 걷는 등의 행동을 하는 부분인 '발림'으로 구성된다. 최대 8시간 동안이나 공연되기도 한다. '판소리'라는 말은 '여러 사람이 모인 장소'라는 뜻의 '판'과 '노래'를 뜻하는 '소리'가 합쳐진 말이다. 판소리는 소리꾼과 청중의 적극적인 참여로 완성되는 독특한 특징을 지니고 있다. 청중은 노래하는 소리꾼이 소리를 잘하도록 호응하고 격려하는 말을 하는데 이를 '추임새'라고 한다. 추임새로 하는 말은 '아', '허', '얼쑤', '얼씨구', '지화자' 등이 있다. 이 역시 주고받고, 상호작용하는 우리 음악의 대표적인 특징이다.

판소리의 창자(소리꾼)는 아주 다양하고 독특한 음색을 터득하기 위해서 오랜 기간 동안 혹독한 수련을 거친다. 판소리를 배우는 사람들은 목소리를 크게 하기 위해 폭포 아래에서 폭포수가 떨어지는 소리를 이기며 소리를 하거나 자신의 배에 줄을 매어 나무와 연결해 놓고 앞으로 나아가며 배의 힘을 기르는 훈련을 하기도 한다. 우리 음악은 공연장에서 음향시설을 갖춰놓고 음악을 공연해 오던 음악이 아니었다. 넓은 공터에 사람들이 모여 들을 수 있도록 노랫소리를 키우거나 소리를 멀리 보낼 수 있도록 '아' 입 모양을 하여 노래하였다. 이러한 발성의 특성으로 인하여, 판소리를 듣는 판소리를 듣는 현대인들은 노랫말을 잘 알아들을 수 없는 것이다. 입 모양을 오므렸다 폈다 하며 정확한 발음을 하며 소리를 내게 되면 '아' 입 모양을 하며 발성할 때보다 소리가 닫혀 음량이 줄어들게 된다.

한국이 급속하게 현대화되면서 판소리는 위기에 처하게 된다. 그리하여 정부는 1964년 판소리를 중요 무형문화재 제5호로 지정하게 되었다. 국가 차원의 지원으로 판소리를 기록하는 작업이 급속도로 활발해졌다. 단, 이 작업을 통해 원래의 판소리가 지니고 있었던 즉흥성을 많이 잃게 되었다.

판소리 <나를 소개해>

활동목표

- 판소리의 요소에 대해 알아본다.
- 우리나라 고유의 판소리로 자신을 소개할 수 있다.
- 즐거운 마음을 갖고 판소리를 부를 수 있다.

누리과정 관련요소

- 예술경험 〉 음악으로 표현하기 〉 노래로 자신의 생각과 느낌을 표현한다.
- 의사소통 〉 말하기 〉 느낌, 생각, 경험 말하기

활동자료

노랫말 판, 북, 북채, 피아노 반주

활동방법

1. 주의를 집중한다.

- '이름을 대자' 노래를 부르며 주의를 집중한다.
- 대자 대자 연성반 이름을 대자.

❷ 사전활동을 회상한다.

- 어제 판소리에 대해 이야기를 나누어 보았는데 기억나는 친구 있나요?
- 판소리를 할 때 필요한 것에는 무엇이 있다고 하였나요?

❸ 오늘의 활동을 소개한다.

- 오늘은 판소리로 자기소개를 해볼 거예요.

❹ 노랫말 판을 보며 빈칸을 채워 본다.

- 노랫말 판의 노랫말을 함께 읽어볼까요?
- 왜 이렇게 빈칸이 많을까요?
- 분홍색 빈칸에는 무엇이 들어가야 할까요?
- 연두색 빈칸 뒤에는 뭐라고 쓰여 있나요? 그럼 이 빈칸에는 무엇이 들어가야 할까요?
- 자기소개를 할 때 무엇을 이야기하년 좋을까? (노란색, 파란색)
- 왜 여기엔 음표 그림, 판소리하는 사람 그림이 있을까요?
- 이 윗부분은 모두 함께 노래를 부르고 판소리를 하는 사람 그림이 있는 부분은 혼자서 자기소개를 하는 부분이에요.

❺ 추임새와 몸짓을 정해본다.

- 그런데 판소리를 할 때 무엇이 필요하다고 했나요?
- 빨간색 빈칸에 무엇이 들어가면 좋을까요?
- 어떤 추임새를 넣으면 좋을까요?
- 또 다른 추임새는 무엇이 있을까?
- 판소리를 하는 친구는 어떻게 몸짓을 하면 좋을까요?

❻ 교사가 판소리 자기소개를 시범 보인다.

– 선생님이 판소리 자기소개를 해볼 거예요. 노래를 모두 함께 불러주면, 선생님이 판소리로 자기소개를 해보도록 할게요.

– 우리가 정한 추임새는 누가 해보면 좋을까요?

❼ 유아 한 명씩 앞으로 나와 판소리 자기소개를 해본다.

– 이번엔 친구가 나와서 자기소개를 해보도록 할 거예요.

– 모든 친구들이 노래 부분을 함께 불러주면 자기소개를 하는 친구가 북소리를 듣고 자기소개 판소리를 시작해요.

판소리하는 방법

① 피아노 반주를 들으며 함께 '이름을 대자' 노래를 부른다.
② 노래가 끝난 후 교사의 북소리와 함께 판소리를 시작한다.
③ 자기소개를 하는 유아는 빈칸을 알맞게 채워 부채를 들고 몸짓과 함께 판소리를 한다.
④ 다른 유아들은 추임새를 넣는다.

– 이번엔 다른 친구가 나와서 해보도록 할까요? (시간에 유의하여 3~5명의 유아가 해볼 수 있도록 한다.)

❽ 자기소개 판소리의 이름을 정해본다.

– 우리 반의 자기소개 판소리의 이름을 무엇으로 하면 좋을까요?

– 왜 그 이름으로 하고 싶었나요?

참고사항

- 사전 활동으로 판소리의 요소에 대해 이야기를 나눈 후에 활동을 시작한다.
- 교사가 시범을 보일 때 판소리의 요소가 잘 드러나게 보여 주어야 한다.
- 유아가 판소리로 자기소개를 할 때에 사전에 적어둔 자기소개 글을 활용하여 원활한 진행을 돕는다.

악보

이름을 대자

덩			덩			덩		덕	쿵		

진도 강강술래 중에서 조윤미 발췌
한교경 채보

자진모리 장단

1. 대 자 대 — 자 자 기 이 름 을 대 자
2. 대 자 대 — 자 친 구 이 름 을 대 자
3. 대 자 대 — 자 동 물 이 름 을 대 자
4. 대 자 대 — 자 과 일 이 름 을 대 자
5. 대 자 대 — 자 나 라 이 름 을 대 자

가

대자 대자 연성반 이름을 대자

내 이름 [ ] 이고 [ ] 살 이라네 [ ]

나는 [ ] 을(를) 좋아하고 [ ]

[ ] 을(를) 좋아하네 [ ]

연성반 친구들 모두 같이 즐겁게 지내보세

3 처용무

처용무는 궁중 무용의 하나로서 오늘날에는 무대에서 공연하지만, 궁중 연례에서 악귀를 몰아내고 평온을 기원하거나 음력 섣달그믐날 악귀를 쫓는 의식인 나례에서 복을 구하며(求福) 춘 춤이었다. 처용설화의 내용을 보면, 동해 용왕의 아들로 사람 형상을 한 처용이 노래를 부르고 춤을 추어 천연두를 옮기는 역신으로부터 인간인 아내를 구해낸다. 이러한 설화를 바탕으로 한 처용무는 동서남북과 중앙 등의 오방(五方)을 상징하는 흰색, 파란색, 검은색, 붉은색, 노란색의 의상을 입은 5명의 남자들이 추는 춤이다. 근래에는 무용을 전공한 여성들이 추기도 한다.

무용수들은 팥죽색에 치아가 하얀 커다란 처용탈을 쓰고, 납 구슬 목걸이에 주석 귀고리를 하고 검은색 사모를 쓰는데, 사모 위에는 악귀를 몰아내고 상서로운 기운을 맞이하는 뜻을 담은 모란 2송이와 복숭아 열매 7개가 꽂혀 있다. 반주 음악 사이에 삽입된 호방한 노래가 근엄하고 활기찬 느낌을 갖게 한다.

『삼국유사』에 나오는 처용설화를 간략하게 소개하면 다음과 같다.

> 신라 49대 헌강왕은 어느날 신하들을 거느리고 개운포에 놀러갔다. 왕이 물가에 머물다 수레를 돌리려할 무렵 갑자기 구름과 안개가 자욱하게 끼어 길을 잃고 말았다. 이상스럽게 여긴 왕이 좌우의 신하에게 물으니, 일관이 대답하기를 동해의 용이 부린 변괴이기에 좋은 일을 해서 풀어야 한다고 하였다. 이에 용을 위해 그 근처에 절을 세우라고 명령하자 구름이 걷히고 안개가 사라졌다. 동해용이 기뻐하며 일곱 아들을 거느리고 임금 앞에 나타나 왕의 덕을 찬양하고 춤추며 노래했다. 그 아들 하나가 왕을 따라 서울로 가니 처용이라고 했다. 왕은 미인을 아내로 삼게 해 처용의 마음을 잡으려고 하였고 또한 급간의 직위를 주었다. 처용 아내를 흠모한 역신이 사람 모습을 하고 몰래 동침하다가 밖에서 돌아온 처용에게 발각되었던 것이다. 그러나 처용은 노래하고 춤추면서 스스로 물러나니 역신이 모습을 나타내어 사죄하면서 처용의 얼굴 모습만 보아도 들어가지 않겠다고 맹세한다. 이로 인해 나라사람들이 처용의 모습을 붙여 사귀를 물리쳤다고 한다.

※ 처용설화의 내용 중, '역신과 아내와의 동침' 부분을 어떻게 유아들에게 전달할까 고민하게 된다. 근래 들어, 우리 역사와 문화를 연구하는 학자들 사이에 처용설화의 이 부분에 대해 문자 그대로 해석하는 것은 옳지 않다는 의견이 있다. 예전에는 아프면 귀신이 씌였다고 생각했기 때문에, 그러한 사회적 맥락에서 이해할 때에 이 구절은 '처용의 아내는 병에 걸렸다'라고 해석해야 한다.

처용이야기

각색: 강소라

아주 먼 옛날, 우리나라가 신라라는 이름으로 불리던 때에, 동해 용왕의 아들인 처용이 살고 있었어. 처용은 병을 잘 고치기로 아주 유명한 사람이었지. 너희들은 병이 나면 어떻게 하니? 이가 아플 땐? 또는 눈이 아플 땐? 그래, 우리는 병원에 가서 주사를 맞거나, 약국에서 약을 지어 먹기도 하지. 그런데 처용은 아주 신기하고 특별한 방법으로 병을 고쳤어. 어떻게 병을 고쳤을 것 같아? 지금부터 처용이 병을 고친 신기하고 특별한 이야기를 잘 들어보자.

어느 날 처용은 깜깜한 밤까지 일을 하고 집으로 돌아왔대. 그런데 집 앞에 신발이 한 켤레만 있어야 하는데, 두 켤레가 놓여 있는 게 아니겠어? "이상하다! 아침엔 우리 부인 신발 한 켤레만 있었는데, 또 다른 신발 한 켤레가 놓여 있네, 누구의 것일까?" 알고 봤더니, 그 신발은 람으로 변장한 병균의 신발이었어. 병균은 부인의 몸에 몰래 들어가기 위해서, 사람으로 변장을 했던 거지. 그때였어. 처용은 갑자기 아주 아주 큰 소리로 노래를 부르며 춤을 추기 시작했어. "이 신발은 우리 부인 신발인데, 저 신발은 누구의 것이냐? ~ 덩덩 덩덕쿵 덩덩 덩덕쿵"그랬더니, 너무 큰 소리에 병균은 깜짝 놀라 멀리멀리 달아나고 말았어.

그리고 아픈 부인은 씻은 듯이 깨끗하게 병이 나았지. 처용이 춤을 추어 병을 고친 이야기는 널리 널리 전해지게 되었고, 사람들은 처용의 얼굴을 대문 앞에 붙여 놓았어요. 왜 그랬을까? 병균이 집으로 들어오려고 하다가 처용의 얼굴을 보고 깜짝 놀라 무서워서 도망간다고 믿었기 때문이었대.

우리 교실 문 앞에도 선생님이 처용 그림을 붙여 놓았는데, 어떤 병균들이 도망갈까?

출처: 김희진 외(2009).

처용무

활동목표

- 동작카드를 보고 적절한 동작으로 표현한다.
- 처용무에 대해 알고 춤으로 표현해 본다.
- 바른 자세로 감상하는 태도를 가진다.

누리과정 관련요소

- 예술경험 〉 예술적 표현하기 〉 움직임과 춤으로 표현하기
- 신체운동건강 〉 신체 인식하기 〉 신체를 인식하고 움직이기
- 사회관계 〉 다른 사람과 더불어 생활하기 〉 사회적 가치를 알고 지키기

사전활동

(본 활동은 4차시 활동이다.)

- 1차시: 처용설화를 듣고 이야기 나누기, 처용무 감상하기
- 2차시: 오방색 옷 만들기, 처용 탈
- 3차시: 국악 동요 '산 도깨비' 개사하기, 처용무 동작 만들기

활동자료

오방색 옷, 처용 탈, 산도깨비 음원

활동방법

❶ '산도깨비' 개사 한 노래를 불러본다.

– 우리가 같이 노랫말을 바꿔보았던 산도깨비 노래를 불러보자.

❷ 처용무 동작을 회상해 본다.

– 우리 같이 만들었던 처용무 동작 생각나니? 어떤 동작이 있었니?

❸ 동작 카드 보면서 동작으로 표현해 본다.

- 동작 카드에서 나타내는 동작은 어떻게 하라는 걸까?
- 누가 나와 몸으로 표현해 주겠니? 아, 태현이처럼 양손을 어깨에 얹었다가 내려찍듯이 손을 아래로 힘 있게 내리는 거로구나. 우리 모두 잘 표현해 준 태현이에게 박수쳐 주자.

❹ 노래에 맞춰 처용무를 춰 본다.

- 열 명의 친구들이 먼저 처용무를 춰보고 다른 열 명의 친구들은 앉아서 산도깨비 노래를 불러보자.
- 이번엔 처용무를 추었던 친구들이 노래를 부르고 노래를 했던 친구들이 처용무를 춰보자.
- 유아들을 반으로 나눠 표현하게 한 이유는 감상의 기회를 갖게 하기 위해서이다. 그리하여 반 유아를 표현할 그룹과 감상할 그룹으로 나눈 것이다. 감상하는 유아의 태도에 대해 알려준다.

참고사항

- 춤을 추고 싶지 않아 하는 유아는 노래를 부를 수 있도록 격려한다.
- 산 도깨비 MR에 아이들과 함께 개사한 노랫말을 입혀 녹음 후 사용한다.
- 교사가 신호악기를 사용하여 시작을 알려준다.
- 동작 카드와 다른 동작을 하더라도 유아를 비난하지 않고 격려한다.

대형

처용무 동작

노랫말	동작 그림	동작 설명
달빛		양팔을 서서히 올린다.
어스름		손깍지를 껴서 머리 위로 달 모양을 만든다.
한밤중에		위에서 아래로 'S'자형 곡선을 그리며 팔을 내린다.

노랫말	동작 그림	동작 설명
깊은 산길		오른손을 앞으로 올리며 왼발을 든다.
걸어가다		왼손을 앞으로 올리며 오른발을 든다.
나쁜 병 주는		양팔을 앞으로 쭉 뻗고 손등을 위로 젖힌다.
도깨비가		머리에 양손을 붙이고 양손과 함께 고개를 숙였다 든다.
방망이		오른팔을 사선으로 힘차게 뻗는다.

노랫말	동작 그림	동작 설명
들고서		왼팔을 사선으로 힘차게 뻗는다.
에루화		양팔을 X자로 겹쳐 손을 어깨에 얹는다.
둥둥		양팔을 W자로 만들고 위아래로 두 번 움직인다.
덩 기덕 쿵 더러러러 쿵 기덕 쿵 더러러러	유아들의 자유 동작	유아들이 자유롭게 동작할 수 있다.
용기 있게		양손을 오른쪽 가슴 옆에서 뻗어나가 반원을 그리며 왼쪽 가슴 옆으로 양손을 모은다.

노랫말	동작 그림	동작 설명
춤을 추니		양손을 왼쪽 가슴 옆에서 뻗어나가 반원을 그리며 오른쪽 가슴 옆으로 양손을 모은다.
깜짝 놀란		양팔을 위로 들며 양손을 뒤로 젖힌다.
도깨비는		머리에 양손을 붙이고 양손과 함께 고개를 숙였다 든다.
걸음아		양팔을 앞으로 쭉 뻗고 앞으로 빠르게 걸어간다.
날 살려라		팔을 위로 들고 좌우로 흔들며 뒷걸음질친다.

노랫말	동작 그림	동작 설명
꽁지 빠지게		뒤로 돌아 상체를 앞으로 숙이며 양손을 엉덩이에 대고 좌우로 흔든다.
도망갔네		뒤로 돈 상태로 앞으로 두 발자국 걷는다.

악보

산도깨비

굿거리 장단

조광재 작사/곡

(덩 기덕 덩 더러러러 쿵 기덕 쿵 더러러러) 저 산 도 깨 비 날 잡아 갈 까
가 슴 소 리는 콩 당 콩 당 걸음아 — —
날 살려라 — — 꽁 지 빠 지게도 망 갔 네

개사한 악보

달 빛 어스름 한 밤—중 에 깊 은 산 길 걸 어가 다

예 나쁜 병 주는 도깨비가 방방이 들고서 에루화 둥둥
(덩 기덕 덩 더러러러 쿵 기덕 쿵 더러러러) 용기 있게 춤을 추니
깜짝 놀란 도깨비는 걸음아 날 살려라
꽁지 빠지게 도망갔네

④ 강강술래

강강술래는 음력 8월 15일 추석과 7월 백중에 부녀자들이 떼를 지어 손을 잡고 원대형으로 돌며 추는 춤과 이때 부르는 노래를 모두 일컫는 말이다. 한 사람이 강강술래의 앞부분을 선창하면 뒷소리를 하는 여러 사람이 이어받아 노래 부른다. 원을 그리며 도는 도중에 민속놀이를 곁들인다. 민속놀이에는 기와 밟기, 덕석몰이, 쥐잡기놀이, 청어 엮기 등이 있으며 이 놀이들은 농촌이나 어촌 생활을 장난스럽게 묘사한 놀이이다. 강강술래 춤의 이름은 노래의 후렴구에서 따왔지만, 그 뜻은 정확히 알려져 있지 않다. 옛날에 한가위를 제외하고는 농촌의 젊은 여성들이 큰 소리로 노래 부르거나 밤에 외출하는 것이 허용되지 않았는데 이 놀이를 통해 잠시나마 해방감을 느끼며 즐길 수 있었다고 한다. 단순한 음악과 동작 때문에 배우기 매우 쉬워 현재까지도 남녀노소 가리지 않고 전수되고 있다.

강강술래 중 남생아 놀아라

활동목표

- 강강술래 가락과 춤을 경험한다.
- 자신의 느낌을 움직임과 춤으로 자유롭게 표현한다.

누리과정 관련요소

- 사회관계 〉 사회에 관심 갖기 〉 우리나라에 관심 갖고 이해하기
- 예술경험 〉 예술적 표현하기 〉 움직임과 표현하기

활동자료

장구, 채 1벌, '남생아 놀아라' 동영상, '남생아 놀아라' 음원, 동물사진

활동방법

❶ 강강술래 중 '남생아 놀아라'를 감상한다.
 - '남생아 놀아라'를 들어보자.

❷ '남생아 놀이라' 영상을 보고 이야기를 나눈다.
 - 남생이의 춤을 보니 어떤 동물이 생각이 나니?
 - 남생이는 뭘까?
 - 남생이는 거북이나 자라와 비슷하게 생긴 우리나라에만 있는 민물 거북을 말해.
 - 남생이가 된 사람은 어떤 춤을 추고 있니?

❸ 교사가 먼저 장구소리에 맞추어 불러준다.

❹ '남생아 놀아라'를 어떻게 몸으로 표현하면 좋을지에 대해 이야기 나눈다.
 - '남생아 놀아라'는 어떻게 표현해볼 수 있을까?

– '촐래촐래' 부분은 어떻게 표현하는 게 좋을까?

⑤ 둥글게 서서 다 같이 '남생아 놀이라' 춤을 춰본다.

– 너희들이 이야기 한 대로 다 함께 '남생아 놀아라'를 춰보자.

⑥ 다른 동물들의 모습을 '남생아 놀아라' 노래에 맞춰 춤을 춰본다.

– 동물 사진을 보여준 후, 교사는 장구 반주를 친다.

– (장구 반주에 맞춰 자유롭게 동물의 모습을 표현해본다.) 토끼야 놀아라 촐래촐래 잘 논다.

– 한 유아가 동물의 이름을 말하며 동물의 모습을 춤춘 후 다른 영아들은 그 모습을 흉내 낸다.

⑦ 한 유아가 말한 의태어와 동작을 따라 하며 춤을 춰본다.

– 교사가 첫 번째로 시범을 보인 후 유아의 이름을 교사가 말한다.

– (다 함께) ㅇㅇ아 놀아라 / (유아) 촐래촐래 잘 논다. / (다 함께) 촐래촐래 잘 논다.

참고사항

- 유아를 대상으로 본 활동을 해 보니, 수줍어하며 적극적으로 참여하지 않는 유아들도 있었다. 따라서 유아들에게 평소에 친숙하고 좋아하는 동물의 동영상을 제시하여 동물의 모습을 잘 표현할 수 있도록 도와준다.

- '남생이'는 민물에 사는 거북 모양의 동물을 부르는 순우리말이다. 남생이는 목을 등껍질 속으로 숨겼다가 내밀었다 하면서 기우뚱거리며 걷는데, 이 모양이 우습다고 하여 "남생아 놀아라"라고 노래하면 놀이꾼이 원 안으로 들어가 남생이를 흉내 내며 매우 우스꽝스러운 춤을 춘다. 근래에는 남생아 놀아라 노래에 맞추어 두 사람이 손을 꼬아 맞잡고는 춤을 추기도 한다.

- 전래되는 강강술래의 원형에는, 원무하는 사람들은 그대로 자진강강술래와 같이 원을 그리며 춤을 추고 두 사람이 원안으로 뛰어들어가 첫 박에 오른팔, 둘째 박에 왼팔의 순서로 흔들어 준다. 같은 동작을 반복하면서 두 사람이 각기 돌아다니다가 마주 보고 설 위치에 가서 두 사람이 마주 보고 한 박에 한 번씩 엉덩이를 오른쪽, 왼쪽으로 흔들어 주면서 팔을 흔든다.

- 남생아 놀아라는 자진모리 장단에 맞는다.

■ 자진모리 장단

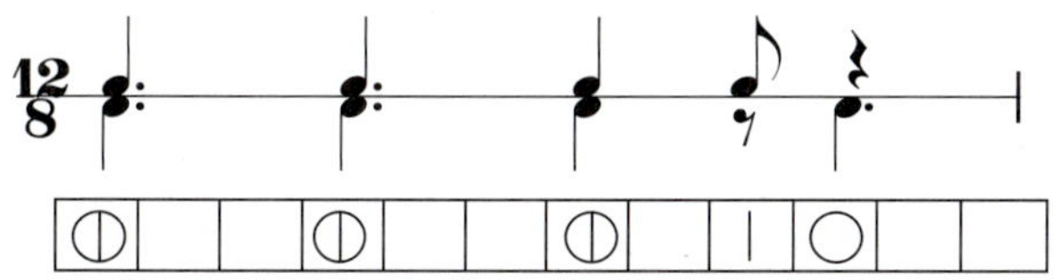

악보

남생아 놀아라

⑤ 남사당놀이

남사당놀이란 '남자들로 구성된 유랑광대극'을 말한다. 남사당놀이는 연주, 춤, 놀이, 곡예 등이 모두 연행되는 종합예술의 형태를 띠고 있다. 꽹과리, 징, 장구, 북이 연주되는 풍물연주와 여러 사회 계층의 사람들을 묘사하는 네 마당(마당씻이, 옴탈잡이, 샌님잡이, 먹중잡이)을 공연한다. 높이 매달린 외줄 위에서 곡예를 부리며 바닥의 어릿광대와 재담을 주고받는 놀이인 '어름'도 한다. 50여 개의 인형들이 등장하여 등장인물이 주고받는 대사를 악사들의 반주음악과 더불어 보여준다. 한편 지상에서는 곡예와 재담이 음악과 함께 곁들여 공연하는데 이를 '살판'이라 한다. 나무 막대기로 쳇바퀴를 돌리는 복잡한 묘기인 '버나놀이'를 하는데 이는 어린이들뿐 아니라 어른의 주의를 끌기에도 주의를 끌기 충분하다. 쳇바퀴를 돌리기만 하는 것이 아니라 앉았다 일어나는 등 행동을 하며 돌려 보는 이의 애간장을 녹인다. 현재는 남사당놀이를 공연장으로 연행하는 젊은 국악인들도 있다. '더 광대'란 남사당 연희팀의 무대가 인터넷에 동영상으로 올려져 있으니 감상해 보길 바란다.

원래 남사당놀이는 야외 마당에서 관객들을 즐겁게 해 줄 뿐만 아니라, 중요한 사회적 메시지를 전달하기도 하였다. 특히 탈춤과 꼭두각시놀음은 남성 중심의 사회에서 여성들은 물론이고 하층민들의 억압받는 삶을 놀이로 보여주었다. 정치적으로 힘없는 자들을 대변하여 풍자하며 문제점들을 제기해 가난한 사람들의 마음을 달래주고 그들에게 평등과 자유의 이상을 이야기하였다.

어름(줄타기)

활동목표

- '어름(줄타기)' 놀이에 관심을 갖는다.
- '남사당놀이' 중에 '어름(줄타기)' 놀이를 전래동요와 함께 즐길 수 있다.
- 줄 위를 걷는 활동을 통해 균형 감각을 기른다.

누리과정 관련요소

- 예술경험 〉 예술 감상하기 〉 전통예술 감상하기 〉 우리나라의 전통예술에 관심을 갖는다.
- 예술경험 〉 예술적 표현하기 〉 통합적으로 표현하기 〉 음악, 움직임과 춤, 미술, 극놀이 등을 통합하여 표현한다.
- 신체운동·건강 〉 신체조절과 기본 운동하기 〉 신체 조절하기 〉 다양한 자세와 움직임에서 신체균형을 유지한다.

활동자료

쥐 생원 반주음원(MR), 장구, 장구 채 한 벌, 유아가 제작한 부채, 흰색 머리띠, 밧줄, 투명시트지, 카세트

사전활동

- '남사당놀이' 중 '어름(줄타기)' 동영상을 관람한다.

- 동물 주제 새노래 '쥐 생원' 전래동요를 배운다.

활동방법

❶ '쥐 생원' 전래동요를 들은 후 함께 불러본다.

- 우리가 전 시간에 함께 만들어 보기로 한 '어름(줄타기)' 노래를 만들기 위해 '쥐 생원' 전래동요를 함께 불러보자.

❷ '쥐 생원' 전래동요의 가사를 개사한다.

- 어름(줄타기)을 할 땐 어떻게 걸어야 할까? (예: 사뿐사뿐, 조심조심)
- 줄 위에선 어떤 동작을 할 수 있을까?
- 줄 위에선 어떤 말을 할까?

❸ 가사를 개사한 '쥐 생원' 에 맞는 '어름(줄타기)' 동작을 정한다.

- 이 부분에는 어떤 동작을 하면 좋을까?
- 어떻게 움직여야 할까?

❹ '쥐 생원' MR에 맞추어 노랫말과 동작을 익힌 후 교사의 장구반주에 맞춰 연습해본다.

❺ 교사의 장구반주에 맞추어 '어름(줄타기)' 활동을 한다.

- 유아와 함께 구성한 줄타기 놀이를 한다. 활동 시 흰 머리띠를 하고 부채를 들도록 하여 유아들이 좀 더 실제로 줄타기를 하는 듯한 느낌을 받을 수 있도록 한다.
- 활동을 하지 않는 유아들은 앞에 두 줄로 앉아 노래를 부를 수 있게 지도한다.

참고사항

- 외줄타기 곡예로, 그것이 마치 살얼음판 위를 건듯 아슬아슬하다고 해서 '어름'이라 하고 줄 타는 사람을 '어름산이'라고 부른다. 줄의 높이가 2.5m, 길이가 9~10cm나 되고 무대 중앙을 가로지르는 두께가 손가락 두 개 넓이밖에 안 되는 높다란 외줄 위에서

을 어름산이(줄꾼)가 건너가며 매호씨(장구를 쳐주며 재담을 주고받는 역할)와 재담을 주고받는 놀이이다. 종류는 앞으로 가기, 장단줄, 거미줄 늘리기, 뒤로 훑기, 콩심기, 화창사위 등 약 15가지가 있다.

- 줄타기 활동을 하기 전, 안전과 관련된 약속을 정하고 유아들이 서로 부딪히지 않을 정도의 인원을 정해 활동을 진행한다.

- '쥐 생원' 노래를 배우지 않았다면 새 노래로 배운 후 이 활동을 실행해도 좋고 사전에 유아들이 배웠던 노래 중에서 줄타기를 하는데, 알맞은 노래를 선정하여 실행해도 좋다.

■ 자진모리 장단

1	◎			◎			◎		|	○	|	
2	덩			덩			덩		덕	쿵	덕	
3	하나			둘			셋			넷		
4	◎		◎		◎		◎		◎		◎	
5	덩		덩		덩		덩		덩		덩	
6	하나		둘		셋		넷		다섯		여섯	

◎: 덩(채편과 북편을 동시에 침)

|: 덕(기덕, 채편만 침)

○: 쿵(북편만 침)

악보

쥐 생원

자진모리 장단

신현득 작사/계성원 작곡

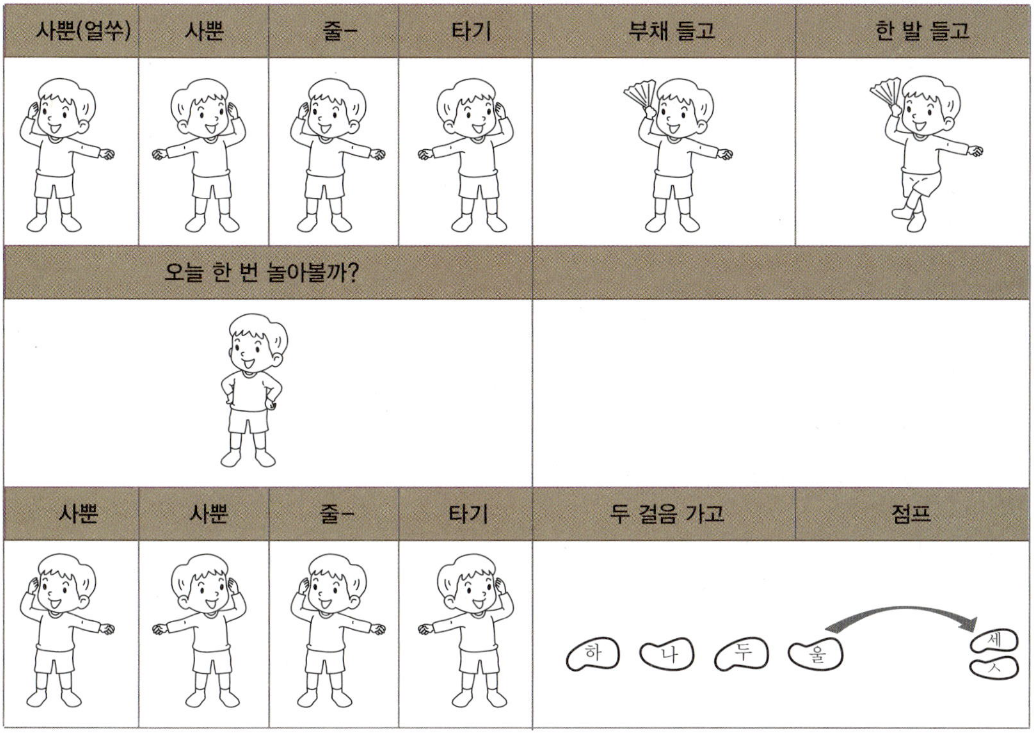

6 가곡

가곡(歌曲)은 소규모 국악 관현(管絃) 반주에 맞추어 남성과 여성들이 부르던 한국 전통 성악(聲樂) 장르이다. 가곡, 시조, 가사 모두 정가(正歌)에 속한다. 예전에 가곡은 상류 계층이 즐기던 음악이었다. 육성(진성)과 가성을 넘나들며 소리를 내는 것이 정가의 특징이다. 판소리나 민요와 달리, 가성을 내어 소리가 얇고 곱다. 그러나 '우락'같은 전통 정가곡을 들어 보면 희한하게 그런 약함이 느껴지지 않는다. 힘 있게 뻗어내는 가성에서 진성(가성이 아닌 질러내는 소리)에 뒤지지 않는 지조와 절개를 느낄 수 있다. 가곡은 남성이 부르는 노래인 남창(男唱) 26곡과 여성이 부르는 노래인 여창(女唱) 15곡으로 구성되어 있다. 남창은 울림이 있고 강하며 깊은 소리가 특징인 반면, 여창은 고음의 가냘픈 소리가 특징이다. 민요나 판소리에 비해 대중에게 덜 알려진 성악 장르이다. 2016년에 개봉

한 영화 '해어화'(한효주, 천유희, 유연석 주연)에서, 극중 한효주 씨가 정가를 부른다. 익숙한 여배우가 부르는 정가라 그런지, 아니면 한효주 씨가 부를 때 현대 가요의 창법이 많이 묻어나 그런지 덜 낯설게 느껴진다. 이에 처음 듣기에 어렵지 않은 정가곡으로, 퓨전 여성 정가팀인 소울지기의 '거즛말이'를 들어보기를 추천한다. 영화 속에서는 창작 정가 이외에도 전통 정가도 만나볼 수 있다. 정가는 아정하고 바른 노래라 하여 판소리나 민요의 대중적인 곡에 비해 그 표현을 자제하여야 하나, '춘면곡'과 같이 진성과 가성을 빠르게 넘나들며 기교를 자랑하는 곡도 있다.

가곡은 서정성과 균형을 지니고 있으며 세련된 멜로디와 진보적 악곡이라는 점에서 찬사를 받는다. 가곡을 부를 만한 기량을 습득하려면 오랜 시간과 노력이 필요하며 공연을 하려면 대단한 집중력과 절제력이 있어야 한다. 이에 가곡 전수자들을 지역 전수관에서 보호 및 전수하고 있다.

⑦ 아리랑

한국의 대표적인 민요인 아리랑은 역사적으로 여러 세대를 거치면서 일반 민중의 공동 노력으로 창조한 결과물이라는 점에 그 의의가 있다. 아리랑은 단순한 노래로서 '아리랑, 아리랑, 아라리오'라는 후렴과 지역에 따라 다른 내용으로 발전해온 두 줄의 가사로 구성되어 있다. 다양한 주제를 담고 있는 반면에, 아주 단순한 곡조와 사설 구조를 가지고 있어 즉흥적인 편곡과 모방이 가능하고, 함께 부르기 용이하며 여러 음악 장르에 자연스레 수용될 수 있는 장점이 있다.

'아리랑'이라는 제목으로 전승되는 민요는 약 60여 종, 3,600여 곡에 이르는 것으로 추정하고 있다. 누구라도 새로운 사설을 지어낼 수 있어 그런지 어떤 민요보다 많이 불리고 재창조되었다. 이처럼 아리랑은 소멸되고 축소되는 것이 아니라, 자발적으로 활성화되고 응용되어 그 레퍼토리가 풍성해진다는 점에 문화유산으로서의 가치가 있다. 아리랑의 노랫말에는 사랑, 연인과의 이별, 시집살이의 애환, 외세에 맞선 민족의 투쟁 등 삶의 현장에서 느끼는 희로애락의 정서가 담겨 있다.

아리랑은 영화, 뮤지컬, 드라마, 춤, 문학 등을 비롯한 여러 다양한 예술 장르와 매체에서 모티브로 이용되어 왔다. 국내에서든 해외에서든 한민족을 하나로 묶고 소통을 가능하게 하는 힘을 가진 아리랑은 심금을 울리는 한민족의 노래이다. 이에 2006년 6월 대한민국 정부는 설문조사를 토대로 한국을 대표하는 '100대 민족문화상징' 중 하나로 아리랑을 선정했다.

☞ 연습해 보자!

다양한 아리랑 변주곡을 검색해 들어보자. 서양 오케스트라와 함께 하는 판소리 아리랑, 서양 성악가들이 부르는 오페라 '아리랑' 등의 다양한 버전의 아리랑을 비교해 감상하고 그 느낌에 대해 자유롭게 이야기 나눠볼 수 있다.

8 농악

농악은 농촌에서 농사일할 때나 명절 때 흥을 돋우기 위하여 행하여지는 향토 음악으로, 타악기 합주와 함께 전통 관악기 연주, 행진, 춤, 연극, 기예 등이 함께 어우러진 공연이다. 각 지역의 농악 공연자들은 화려한 의상을 입고 마을신과 농사신을 위한 제사, 액을 쫓고 복을 부르는 축원, 봄의 풍농 기원과 추수기의 풍년제, 마을 공동체가 추구하는 사업을 위한 재원 마련 행사 등을 위해 공연한다. 마을에 따라 농악대의 구성, 연주 스타일, 리듬, 복장 등이 다르다. 농악 춤에는 단체가 만드는 진(대형, 단체가 움직여 큰 모양을 이룸)짜기, 상모놀음 등이 있다. 한편 극은 탈을 쓰거나 특별한 옷차림을 한 잡색의 연기로 진행한다. 버나 돌리기나 어린 아이를 어른 공연자의 어깨 위에 태워 재주를 보여주는 무동놀이와 같은 기예도 함께 연행된다. 농악은 공동체 내에서 연대성과 협력을 강화하고, 공동체 구성원들이 동일한 정체성을 공유할 수 있도록 도와준다.

농악은 매혹적이고 서사적인 민속 예술이며 공동체 축제나 공적 행사에서 흥을 돋워주는 역할을 하므로 마을 공동체 문화인 우리 민족에게 있어, 그 가치가 매우 높다. 연행자들과 관객이 한데 어울려 흥겨움을 나누고 소통 과정을 통하여 사람들은 강한 소속감을 느끼며 정체성을 확인할 수 있다.

민족 문화 말살 정책으로 인해, 우리 문화를 우리 민족 스스로가 천시하여 표현한 적도 있었다. 농악을 농사를 지을 때나 부르던 음악이라고 폄하하여 부르기도 하였다. 이에 1980년대 대학교를 기점으로, 농악대를 풍물패로 정정하여 부르는 운동이 시작되었다. 그러나 이미 일제시대 이전부터 농악이라는 용어가 조선시대 문헌에 기록되어 있었다. 이에 농악을 농사를 기반으로 하는 한국사회에서 자연스레 파생된 음악이라고 불편하지 않게 받아들여도 된다. 유네스코에 등재된 한국 무형유산의 명칭을 보면 풍물이 아닌 '농악'으로 등재되어 있다.

1978년부터, 농악은 사물놀이패에 의해 바깥에서 연행되던 놀이문화에서 실내 공연문화로 도약하고자 한다. 대표적인 농악의 공연내용으로는 타악 4중주에 해당하는 '사물놀이'와 무언극(non-verbal) '난타'가 있다.

☞ 연습해 보자!

난타 공연을 감상하고, 의상, 무대배경, 이야기 대본, 재활용 악기 등을 준비하여 난타를 할 수 있다. 단, 유아들에게 무리가 가지 않도록 감상, 준비, 연주를 여러 차시에 나눠 진행하도록 한다. 아이디어를 내는 과정에서 유아가 주도하여 준비할 수 있도록 기회를 준다.

본 장에서는 우리나라 전통문화 중에 유아에게 익숙한 음률적 요소가 있는 문화유산에 대해 살펴보았다. 작은 국가 면적에 비해, 이렇듯 우수한 문화를 갖고 있는 대한민국 국민임을 자랑스러워해도 될 것이다. 유아를 교육하는 우리는 전통문화 교육에의 사명감을 가져야 한다. 유아기는 개인과 집단생활 경험을 통해 자아개념과 정체성을 형성하고 사회와 문화에 대해 이해하기 시작하는 시기이다. 유아들은 우리나라의 다양한 전통문화를 알아가는 과정에서 우리 것에 대한 자부심을 느끼게 될 것이다. 한국문화의 특성을 공감하며 한국인으로서의 자긍심을 갖게 하는 전통문화교육은 특수한 생활주제에만 이루어지는 것이 아니라, 지속적으로 교육되어야 할 것이다. 더불어 전통문화교육을 통해 세계화, 국제화 시대에 살고 있는 유아들에게 다른 나라의 문화를 이해하는 능력과 존중하는 태도를 길러줄 수 있다. 다른 나라의 문화를 이해하는 능력과 존중하는 태도를 길러주어 세계화 시대에 자랑스러운 한국인으로 성장할 수 있도록 해야 한다(교육과학기술부, 2009).

7주차

- ❖ 장구의 명칭
- ❖ 장구의 구조
- ❖ 유아용 장구춤
- ❖ 발장단 판

장구의 명칭

- 장구는 국악기 중 타악기 중 하나로, 허리가 가늘고 잘록한 통의 양쪽에 가죽을 붙인 악기이다. 장구는 허리 부분이 가늘다 하여 일명 '세요고'라 부르기도 하였다. 『악학궤범』에는 다음과 같이 기록되어 있다. "갈고, 장구, 요고는 한나라와 위나라에서 사용되었다. 요고의 통은 큰 것은 질그릇으로, 작은 것은 나무로 만들며 머리는 모두 넓고 허리는 가늘다. 오른쪽은 채로 치고 왼쪽은 손으로 친다"(박기환, 1994).
  장구는 오른손에 대쪽으로 만든 가는 채를 가지고 그 채편을 치며, 왼손으로는 맨손이나 궁굴채를 들고 북편을 치는데, 양편을 동시에 치는 것은 '쌍'이라 하고, 채로 채편만 치는 것을 '편', 왼손으로 북편만 치는 것을 '고', 그리고 채로 잠시 치고 굴리는 소리를 내는 것은 '요'라고 한다(국악기정보, 2010. 7, 국립국악원). 장구의 연주되는 소리를 흉내 낸 구음(口音)은 연주자 연주 기법이나 스승의 구음에 따라 여러 가지 소리로 기록된다. 유아국악통일안(조윤미, 2010)에 의거한 표준화된 우리말 구음으로는 '덩, 쿵, 덕, 기덕, 더러러러'이다.

☞ 연습해 보자!

국립국악원에 들어가 무료로 배우기 강좌를 경험해 배울 수 있다.
동영상 자료는 국립국악원 홈페이지 http://www.egugak.go.kr/에서 직접 들어가거나 네이어 지식백과 〉 장구에 들어가면 링크되어 있다.

- 줄 조이개의 역할은 음악적 개념 중 음의 높이를 변화시키 것이다. 줄 조이개의 역할을 한 번에 경험하기 위해서는 손으로 줄 조이개의 역할을 해 보는 것이다. 장구의 양가죽을 매어놓은 흰 줄의 한 줄에 엄지손가락을 걸고 사이에 한 줄을 건너뛰어 그 다음 줄을 중지로 잡는다. 엄지와 검지를 손으로 쥐듯 쥐면 음의 높이가 변한다.
  유아의 발달상, 오래 기억하거나 기다리기 어려워 줄 조이개의 역할을 처음 경험하게 할 경우에 본 방법을 사용하면 이해하기 쉽다. 단, 국악기는 자연물로 만들어져 유동성이 있으므로 지나치게 자주 경험할 경우 악기가 망가질 우려가 있으므로 주의한다. 23. 줄 조이개의 역할

- 장단연주 시 유아의 발달상 어려움이 있을 수 있다. 유아의 경우 손의 소근육의 발달이 미진하여 빠른 시간 내에 약하고 강하게 연타하는 '기덕'을 치기 어렵다. 그러므로 2타인 '기덕'은 1타인 '덕'으로 대신한다. 또한, '더러러러'는 엄지와 검지로 채를 잡아 가죽의 자연스런 탄성으로 채가 굴려지며 연주되는데 이는 유아들에게 매우 어렵다. 이에 굿거리 장단을 연주할 때에는 한 박에 '더러러러'를 모두 연주하고 한 박 쉬는 것이 아니라, 두 박에 걸쳐 '덕'을 네 번 치는 것으로 대신한다.

- 장단은 그 음악에 내재된 리듬의 골격을 형성한다. 불교음악인 범패나 문묘제례악, 또는 매우 느린 민요-특히 상여 소리나 김매기 소리 가운데 느린 음악-의 경우는 장단을 찾기 어렵지만, 대부분의 국악곡은 일정한 리듬형에 의하여 음악이 짜여진다. 장단을 갖지 않은 특수한 경우를 제외하면, 국악의 연주에는 기악이든 성악이든 언제나 장단의 반주가 따른다. 장단은 흔히 장구로 치지만 판소리나 단가에서는 북을 친다.

- 각 장단은 일정하게 정해진 리듬꼴이 있으며 고유한 빠르기(tempo)도 지니고 있다. 따라서 장단은 단순히 리듬꼴만을 가리키는 것이 아니라 리듬과 템포가 결합된 총체적 개념이다. 능숙한 연주자들의 경우, 곡의 분위기 변화나 곡의 리듬꼴에 따라 기본장단뿐 아니라, 다양한 장단으로 반주한다. 이때 사용되는 응용장단은 무궁무진하다. 그 이유는 실제 연주에서 연주자(고수)의 즉흥적인 해석에 따라 자유롭게 변주하여 연주될 수 있기 때문이다. 장단은 다양한 길이와 리듬으로 구성된다. 정해진 길이의 장단에서 장구나 북을 치는 것을 '점(點)'이라 하는데, 장구장단에서 점을 구성하는 것은 다음의 다섯 가지이다.

  - 덩: 덩(떵) – 장구의 북편과 채편을 동시에 치는 것
  - 더러러러: 덕 – 장구의 채로 채편을 친다.
  - 덕: 기덕 – 앞 짧은 꾸밈음을 붙여 '덕'을 치는 것
  - 기덕: 쿵(궁) – 장구의 북편을 치는 것
  - 쿵: 더러러러 – 채로 채편을 굴려 소리 내는 것

- 장구로 반주할 때는 오른손에 채를 쥐고 왼손은 맨손으로 치지만, 실외음악이나 사물놀이 등에서는 왼손에 궁굴채를 쥐고 친다. 그리고 오른손의 채로는 장구 채편(오른편 가죽)의 가운데 부분인 '복판'을 치는 것이 일반적이나, 독창이나 독주의 반주나 실내악 연주에서는 음량이 작은 '변죽'을 친다. 반면에 판소리의 반주에 쓰이는 소리북은 오른손에 북채를 쥐고 가죽 면인 채궁(채궁편)과 북통(나무통)을 치고, 왼손은 맨손으로 궁편을 친다.

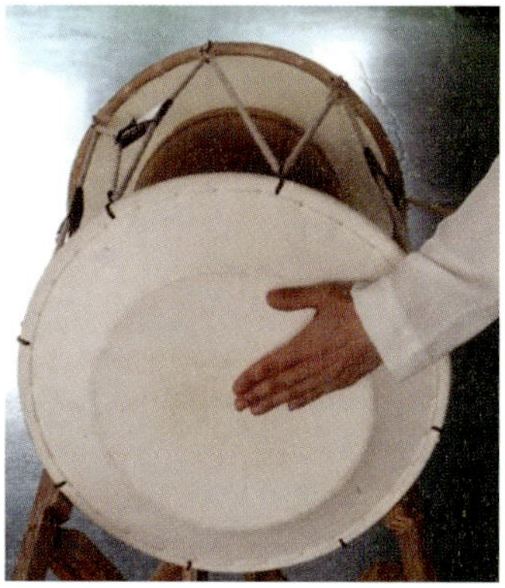

- 덩(떵): '합궁'이라고도 하며, 좌우를 동시에 친다. 주로 장단의 첫 박에 해당한다.
- 궁(쿵): 왼편의 북면을 왼손으로 친다. 짧은 앞꾸밈음을 넣으면 '쿠궁'이 된다.
- 닥(딱): 북채로 대점(온각자리)을 세게 친다.
- 다드락: 북채로 소점(반각자리)이나 매화점 자리를 리듬에 따라 여러 번 친다.

- 전통적인 장구 연주방식은 장구에 끈을 매어 서서 이동하며 연주하는 방법이다. 앉아서 연주하는 방식은 1970년대 말 민속음악회 '시나위'에서 타악을 맡던 김덕수 등이 국악을 대중화하려고 무대에 앉아 연주하게 되면서 시작되었다. 원래 사물은 불교의 네 가지 타악기인 범종, 법고, 운판, 목어를 일컫는 말이었다(장사훈, 1990). 두 가지 연주방식 이외에 오른쪽 사진과 같이, 장

구 받침대 위에 장구를 얹어 연주하는 방식이 있다. 앉거나 서서 연주할 때 타점의 높이와 위치가 변화하여 제 위치를 치기 어려울 수 있다. 이에 자세가 바뀐 후 정면을 보고 타점을 익숙하게 연주하도록 연습이 필요하다.

- 궁중 음악이나 풍류 음악에서는 전체적인 합주를 위해 정해진 장단만을 충실하게 연주하지만, 산조나 판소리 등의 민속음악에서는 즉흥적으로 변주(변형하여 연주함)한다. 장단을 연주하는 타악주자(퍼커션)의 역할이 중요한 국악의 장르는 판소리이다. 판소리의 고수는 북을 쳐서 음악에 장단을 맞추는 역할뿐 아니라, 정해진 장단의 틀 속에서 효과음이나 배경 음악의 기능까지 소화해 낸다. 특히 추임새를 통해 음악에 깊이 참여하고 있다. '추임새'란 고수가 입으로 소리 내는 '아, 얼쑤, 좋다, 얼씨구, 잘한다, 지화자' 등 감탄사이다. 추임새는 소리하는 명창의 흥을 돋우는 역할뿐만 아니라, 음악의 리듬적인 공백을 메우는 역할도 한다. 이처럼 추임새는 판소리에서는 빼놓을 수 없는 중요한 요소이다. 추임새는 고수 외에 관객도 할 수 있다. 가수와 연주자는 관객의 추임새를 들으며 관객의 공감(共感)을 느낄 수 있다. 추임새는 일방향적인 음악이 아닌, 서로 소통하는 국악의 묘미를 느끼게 해 준다.

장구의 구조

- 장구 연주가 주가 되느냐, 노래가 주가 되고 반주하는 악기로 장구를 사용할 것이냐에 따라 각각 풍물 장구와 반주 장구로 나뉜다. 아래 표와 같이, 흔히 노래의 반주를 하기 위한 장구의 쓰임을 '반주 장구'라 부르고, 사물놀이나 풍물놀이를 연주할 때 쓰이는 장구 연주를 '풍물 장구'라 부른다. 노래의 반주로 장구가 쓰일 경우 노래를 방해하지 않는 소리의 크기로 연주되어야 하므로, 왼손은 궁채를 들지 않고 손바닥으로 연주하며 오른손의 열채는 소리가 큰 장구의 가운데인 복판을 치지 않고 가죽의 바깥 부분인 변죽을 친다.

	노래의 반주를 할 때	사물놀이나 풍물놀이 연주할 때
종류	반주 장구(정악 장구)	풍물 장구(사물 장구)
연주	북편을 손으로 연주한다.	북편을 궁채로 연주한다.
	열채로 채편의 변죽을 친다.	열채로 채편의 복판에 친다.

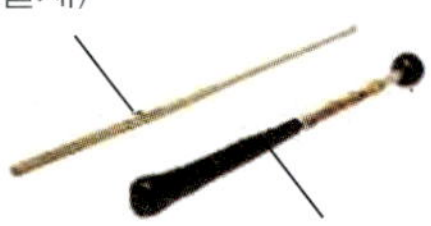

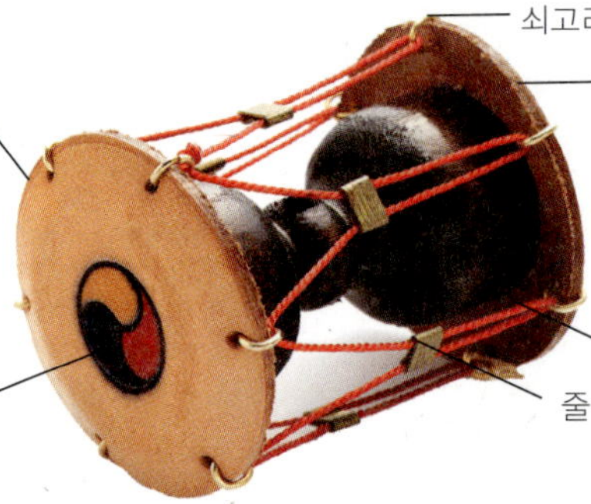

부호	구음	연주법
⦶	덩	북편과 채편을 동시에 치기
|	덕	채편의 변죽이나 복판을 크게 한 번 치기
○	쿵	북편을 크게 한 번 치기
⁞	더러러러	채편을 굴려 치기
¡	기덕	채편을 겹쳐 치기

유아용 장구춤

- 유아들이 장구부호를 알고 이해할 수 있게 되면 보다 유아주도적으로 장구를 연주해 볼 수 있도록 정간보와 장구부호 교구를 내어 줄 수 있다. 이 교구를 통해, 유아들은 음률영역이나 융판에서 자유롭게 정간보 위에 떼었다 붙였다 하며 재미있게 장구 연주를 창작할 수 있다. 하양 도화지와 검정 도화지를 다음과 같이 오린 뒤 코팅하여 밸크로테이프의 보슬이와 까슬이를 다음 안내처럼 맞춰 붙이면 완성된다.

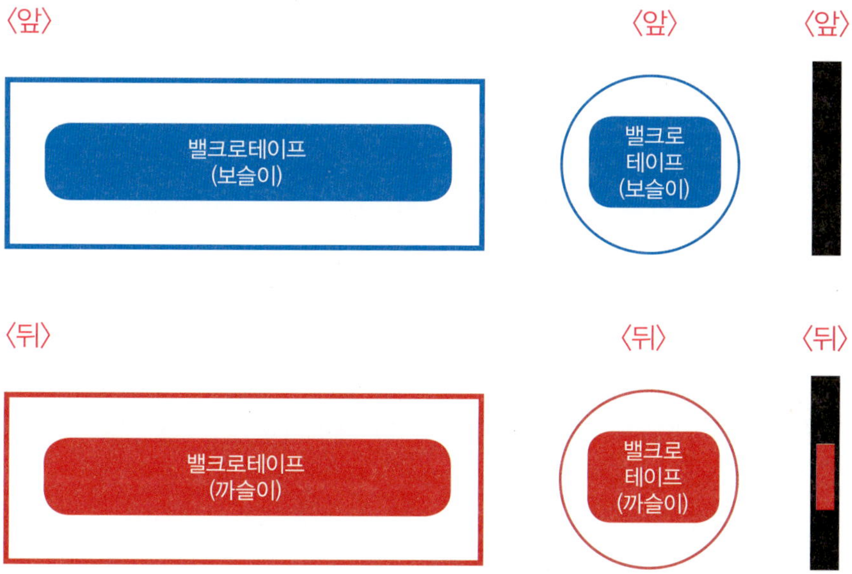

밸크로테이프는 흰색으로 구입하여 제작한다. 위 파랑, 빨강 밸크로테이프는 알아보기 쉽도록 구분하려고 색으로 표기한 것이다. 실제 정간보의 느낌이 나도록 하양 밸크로테이프를 사용하여 제작한다. 정간을 붙여 나열해야 정간보가 되므로 위 자료의 수를 넉넉히 만들어 내어 준다. 내어 줄 때는 유아들이 조각을 나누어 정리할 수 있도록 칸이 구분되어 있는 통에 담아 준비해 준다. 아래는 세마치장단으로 붙인 제작교구의 예시이다.

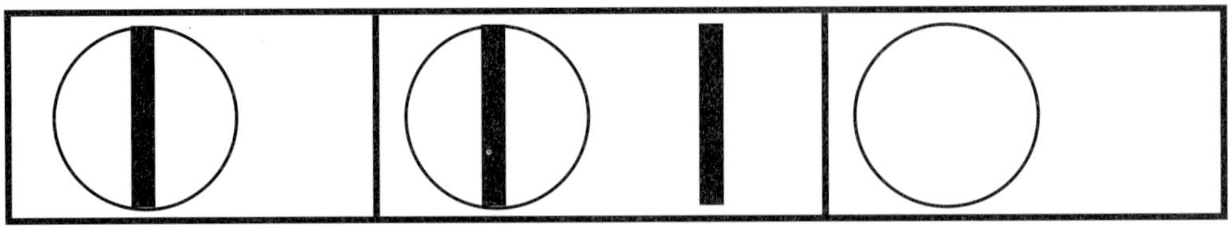

- 장구춤이란 장구를 어깨에다 비스듬히 둘러매고 여러 가지 장단에 맞추어 추는 춤이다. 원래는 호남농악의 우도굿 가운데 농악의 개인놀이인 설장구(구정놀이)에서 출발하여, 1930년대에 일본에서 현대무용을 배우고 돌아온 최승희(崔承喜)에 의하여 본격적인 무대예술무용으로 형성되어 현재는 새로운 형태의 독립된 무용장르로 정착되었다.

- 형식은 독무(1인이 춤) 또는 군무(여러 인원이 함께 춤)로 추어지고 있으며, 처음 부분에는 대체로 <태평가> 등 민요에 맞추어 장구를 치면서 흥청거리며 춤을 추다가, 민요가 끝나면 설장구의 빠른 장단으로 몰아 도약하면서 흥을 돋우다가 끝을 맺는다.

- 장구춤을 출 때, 여자는 다양한 색상의 치마저고리를 입고 허리띠로 치마를 동여맨다. 그리고 남자는 흰 바지·저고리를 입는다(한국민족문화대백과사전).

☞ 연습해 보자!

다음은 기본 춤사위를 바탕으로 하여 창작한 장구춤 교육계획안이다. 넓은 천이나 끈을 이용해 내가 연주하기 좋은 위치에 장구가 놓이도록 매고 연주해 볼 수 있다. 참고로 서서 연주하는 장구를 '선반', 앉아서 연주하는 장구는 '앉은반'이라고 부른다.

장구춤 시루떡

김재우 작사/이수인 작곡

노랫말	동작 그림	동작 설명
전주	허리 손을 하고 무릎을 굽혔다 핀다.	
〈1절〉 ① 시루에서 시루떡이 ② 잘도 익는다 ① 모락모락 김이 나며 ② 잘도 익는다	❶  ❷ 	❶ 무릎을 굽혔다 피며 '덩'치고 왼손은 위로 오른손은 아래로 향하기 x 2번 ❷ 자진모리 장단 치기
① 쫄깃쫄깃 맛있는 ② 시루떡 ① 시루떡은 우리나라 ② 옛날 떡	❶  ❷ 	❶ 원형으로 돌며 손을 위로 들고 좌우로 흔들기x 2번 ❷ 팔을 크게 한 바퀴 돌리며 시루 찧기

노랫말	동작 그림	동작 설명
① 시루에서 시루떡이 ② 잘도 익는다 ① 모락모락 김이 나며 ② 잘도 익는다	❶  ❷  덩덩덩덕쿵덕	❶ 무릎을 굽혔다 피며 '덩'치고 왼손은 위로 오른손은 아래로 향하기 x 2번 ❷ 자진모리 장단 치기 x 2번
간주	허리 손을 하고 무릎을 굽혔다 핀다.	
〈2절〉 ① 시루에서 시루떡이 ② 잘도 익는다 ① 모락모락 김이 나며 ② 잘도 익는다	❶  ❷  덩덩덩덕쿵덕	❶ 무릎을 굽혔다 피며 '덩'치고 머리 위로 X자 만들기 x 2번 ❷ 자진모리 장단 치기

노랫말	동작 그림	동작 설명
① 쫄깃쫄깃 맛있는 ② 시루떡 ① 시루떡은 우리나라 ② 진짜떡	❶  ❷ 	❶ 원형으로 돌며 손을 위로 들고 좌우로 흔들기 x 2번 ❷ 팔을 크게 한 바퀴 돌리며 시루 찧기
① 시루에서 시루떡이 ② 잘도 익는다 ① 모락모락 김이 나며 ② 잘도 익는다	❶  ❷  덩덩덩덕쿵덕	❶ 무릎을 굽혔다 피며 '덩'치고 머리 위로 X자 만들기 x 2번 ❷ 자진모리 장단 치기 x 2번
간주	허리 손을 하고 무릎을 굽혔다 핀다.	

발장단 판

- 국악기를 시도할 때에 장구를 치기보다는 치는 면이 하나인 북이나 소고를 먼저 배우는 것이 유아들에게 더 쉽다. 소고가 북보다 무게도 가볍고 악기를 똑바로 세워 연주해야 하는 부담도 없다. 또한, 동작을 할 때에도 한 손에 쥐고 연주하므로 소고가 더 연주하기 용이하다. 단, 소고는 상대적으로 음색이 얇고 울림이 적어 북소리보다 덜 흥미로워한다. 당연히 소고는 연주용 악기가 아닌 무용을 위한 악기이다. 우리나라 춤은 상체 중심 춤이기는 하지만, 하체의 동작이 없다고는 말할 수 없다. 탈춤과 같이 경쾌한 발놀림이 있는 민속무도 있다. 탈춤을 연주할 때는 장단과 함께 한다. 반대로, 장단이 연주되면 춤사위가 저절로 나온다. 이처럼 우리 음악과 동작은 나누어 이해하기 어렵다. 이에 장단과 몸의 움직임을 연결해 경험해 볼 수 있는 발장단 판을 만들어 경험해 보도록 한다.

자진모리 발장단 판

활동자료

투명 아세테이트지 1마(90cm), 색 시트지 $\frac{1}{2}$ 마(45cm)
(이는 유아용 발장단 판(1명분)의 제작 예시이다. 성인의 경우, 발 길이가 다르므로 2배분의 준비물이 더 필요하다.)

제작방법

❶ 색 시트지 위에 유아의 실내화를 대고, 발바닥을 4세트 그려 오린다.

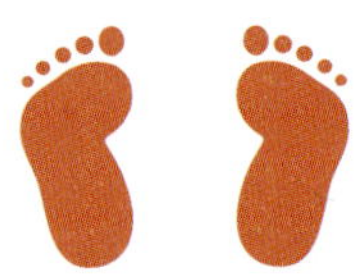

❷ 오려낸 발바닥 모양 시트지를 아세테이트지 위에 붙인다.
–붙이기 전에, 붙이는 발 모양 간의 적절한 간격 조정을 위하여 유아를 장단에 맞춰 뛰게 한다. 교사는 그 간격에 맞춰 발바닥 모양 시트지를 붙인다.

활동방법

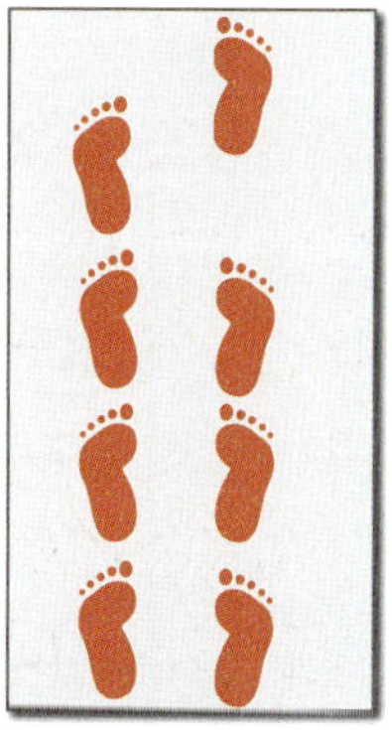

❶ 발판을 보여주며 '어떻게 하는 놀이일까?' 유추하며 이야기 나눈다.
-무슨 모양일까? 그래? 그럼 발 모양에 발을 맞춰 볼까?
-누가 맞춰 발 모양대로 걷거나 뛰어 보겠니?

❷ 발판이 어떤 장단인지 소개하고 시범을 보인다.
-이 발판은 자진모리 장단이야. 다 같이 선생님을 따라 자진모리 장단을 손뼉 쳐 볼까?

❸ 교사가 연주하는 장구 장단단에 맞춰 발장단 판을 뛴다.
-교사는 처음 하는 것임을 감안하여 본래 빠르기보다는 천천히 1회 연주한다.
-유아들이 익숙해지면 장단을 연달아 두 번 치고 연속해 발장단 판을 뛰게 해 본다.

❹ 자진모리 장단으로 뛸 수 있는 다소 느린 템포의 곡을 틀고 뛰어본다. 뛰는 방법은 두 가지가 있다.
-1수준: 왼편의 그림 배치는 곡의 중간에 한 장단을 파란 칸에서 두 발로 쉬는 것이다. 연달아 자진모리 발 장단을 3번 뛰고 한 장단 동안 쉰다.
-2수준: 오른편 배치는 유아들이 발장단 판 뛰기에 익숙해진 경우에 2수준으로 뛰어볼 수 있다. 한 어린이가 먼저 2장단을 노래에 맞춰 뛰고, 이어 연결하여 다른 어린이가 뛰기 시작한다. 즉, 발장단 판 2개의 간격을 벌리고 뛰게 된다. 앞서 뛰는 어린이가 몇 장단을 뛰고 난 뒤 다음 어린이가 뛰는 것이 좋을지, 반 유아들의 수준을 보며 놀이한다. 처음부터 연달아 뛰게 되면 다칠 수 있으므로 주의해야 한다. 〈1수준〉과 달리, 쉬는 칸이 없으므로 뛰는 방향에 첫 박인 양발 뛰기가 자연스레 이어지도록 큰 원이 되도록 배열한다. 처음부터 바닥에 고정하기보다는 시범 어린이의 도움을 받아 간격과 방향을 조절하며 붙인다. / 24. 발장단 판

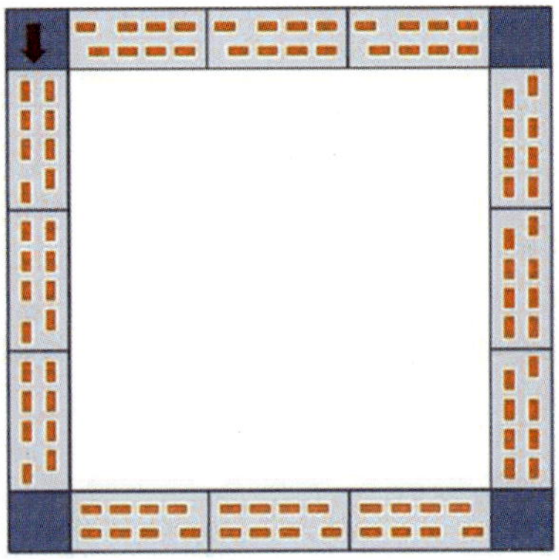

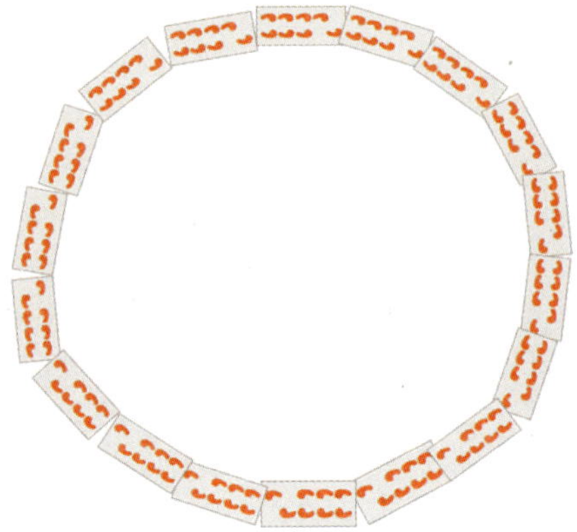

8주차

❖ 중간고사 -장구 실기-

❖ 크로스오버 국악 감상

중간고사 -장구 실기-

- 장구는 국악 감상과 국악 관련 성악곡 노래 부르기 지도를 위해 반드시 필요하다. 이에 중간고사를 장구 반주 실기시험으로 치를 것을 권장한다. 혹여 중간고사 시 장구반주 실기시험을 시행하지 않더라도 유아 국악교육 모의수업을 통해 장구반주 능력을 반드시 점검해야 한다.

- 다음은 중간고사를 장구실기로 볼 때의 예시이다. 참고하기 바란다.

준 비 물 매트, 장구와 채, 뽑기통, CD 플레이어, 캠코더, 체크리스트

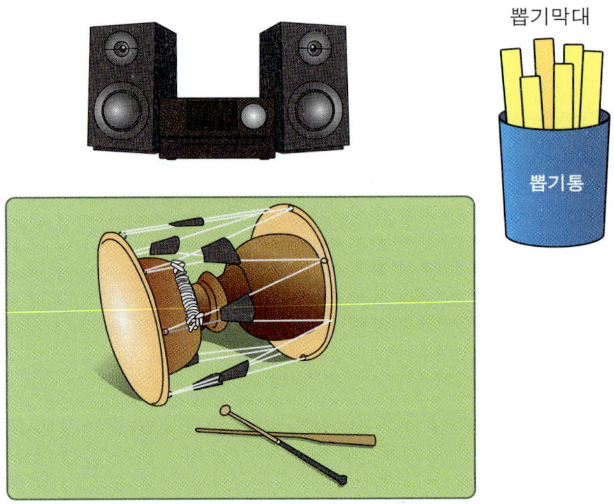

① 순서대로 한 명씩 들어온다.

② 뽑기통에서 곡명이 적힌 뽑기 막대를 하나 뽑는다.

③ 교수에게 뽑기 막대를 보여주고 다시 뽑기통에 넣는다.

④ 교수는 해당 반주 음악을 틀고 체크리스트를 보며 평가한다.

다음은 장구 반주 중간고사 체크리스트이다. 학생들이 공정성에 의의를 제기하지 않도록 체크리스트를 활용해 평가하도록 한다. 학생들이 주로 유아교사가 되어 장구를 활용

하는 경우는 유아들에게 새 노래 지도 시 응용활동으로 장구 반주해 주는 경우이다. 그러므로 반드시 학생들에게 '반주장구'임을 공지하여야 한다.

이어 체크리스트의 각 문항이 왜 중요한지에 대해 알아본다. 각 문항을 어떻게 하면 잘 지킬 수 있는지를 스스로 연주하는 모습을 거울로 보거나 친구와 서로 연주 모습을 봐주며 연습한다.

- 중간고사 –장구 실기– 평가는 무엇을 보기 위한 문항인가?

문항 1. 열채로 복판 대신 변죽을 치며 연주하는가?

문항 2. 왼손은 궁채 대신, 손바닥으로 연주하는가?

교사들의 수업 장학을 나가게 되면 유아들의 노랫소리에 비해 지나치게 큰 음향으로, 장구로 반주해 주는 경우를 보게 된다. 유아들의 노래가 주가 되고 장구가 부가되도록 소리의 조화로움을 추구해야 한다. 즉, 문항 1과 문항 2는 풍물장구법과 반주장구법을 구분하고 있는지를 평가하는 문항이다.

문항 3. 허리를 펴고 어깨를 내리며 연주하는가?

악보를 보며 연주하다 보면 나도 모르게 몸이 앞으로 기울어진다. 그러다 보면 보는 사람으로 하여금 불편함이 느껴지고 연주하는 교사는 자유롭게 유아들을 바라보지 못하게 된다. 특히 열채를 잡고 있는 오른손 어깨가 자꾸 올라갈 수 있으니 손목에 힘을 빼고 채를 잡고 있는 손을 바닥에 내려놓는 느낌으로, 열채가 사선이 되도록 하여 연주한다.

문항 4. 앞 박을 강하게 연주하는가?

음악적 요소 중, 셈여림과 관련된 문항이다. 합장단(오른손과 왼손을 함께 치는 장구 부호) 덩(⦶)이 여러 번 나오는 경우, 앞 박을 강하게 쳐야 한다. 예를 들어, 자진모리 장단(| ⦶ ┆ ┆ | ⦶ ┆ ┆ | ⦶ ┆ ┆ ｜ | ○ ┆ (｜) ┆ |)은 한 장단 안에 덩(⦶)이 3번 나오는데 첫 박의 덩이 뒤에 나오는 덩 소리보다 크게 연주되는지를 확인한다.

문항 5. 리듬을 잘 지켜 연주하는가?

우리나라 장단의 특징 중 하나는 ♩♪ 같은 절뚝거리는 느낌의 리듬이 많다는 것이다. 이 리드미컬한 리듬꼴의 특징을 잘 살려 연주해야 장단이 보다 흥겹게 들린다. 예를 들어, 세마치장단(기본꼴)의 경우는 '덩 덩 덕쿵덕'에서 뒷부분의 덩 덕(♩♪)과 쿵덕(♪♩)을 주의 깊게 들어 평가한다. 절뚝거리는 느낌이 없이 같은 박(♪.♪.)으로 연주되면 감점이 된다.

문항 6. 장단과 장단 사이를 잘 지켜 첫 박을 연주하는가?

우리나라 노래에 장단을 맞추기 어려운 이유는 노래를 부르다가 국악적 표현(시김새)이 많으면 시김새 하나하나에 가치를 두어 표현하느라 그 음의 시가가 늘어나기 때문이다. 그러므로 장단을 외우듯이 연주하지 말고 연주자의 노래를 듣고 반주해야 노래와 장단이 맞게 된다. 이는 국악에서 말하는 한배(한 박)이므로 비록 내 눈앞에 가창자가 없지만, 내가 노래에 맞춰 반주해준다는 느낌을 갖고 반주하도록 한다. 문항 6을 통해, 진정 한배를 이해하고 느끼며 연주하는가를 측정하게 된다.

중간고사 -장구 실기- 평가 체크리스트							
학번 :			이름 :				
문항	요소	평가 내용	1	2	3	4	5
1	태도	열채로 복판 대신 변죽을 치며 연주하는가?					
2		왼손은 궁채 대신 손바닥으로 연주하는가?					
3		허리를 펴고 어깨를 내리며 연주하는가?					
4	장단	앞 박을 강하게 연주하는가?					
5		리듬을 잘 지켜 연주하는가?					
6	한배(박)	장단과 장단 사이를 잘 지켜 첫 박을 연주하는가?					

크로스오버 국악 감상

① 크로스오버(Cross-over)

'크로스오버'란 독립된 장르가 서로 뒤섞이는 현상을 말한다. 처음에는 음악분야에서, 클래식과 팝, 국악과 양악의 결합 등을 의미하는 용어로 쓰였으나 점차 '다른 분야들끼리의 융합'이라는 의미로 확대되어 사용하고 있다. 이와 같은 융합은 자신의 영역을 확대하려는 문화 생산자의 시도와 새로운 문화를 지향하는 소비자의 욕구가 부합된 결과이다. 이와 같은 요구로 인해, 크로스오버 현상이 문화분야뿐 아니라 민간과 정부, 보수와 진보, 과학과 예술, 학문 간 통합연구 등으로 확산될 것으로 전망되고 있다(매일경제용어사전).

크로스오버(Cross-over) 국악이란 다른 음악 장르와 국악이 서로 뒤섞인 음악이다. 예를 들어, 국악기로 연주된 재즈음악, 영화나 만화음악 OST, 대중가요 등이 크로스오버 국악이다. 여울의 'Fly Me To The Moon', 한충은의 'Mo'Better Blues', 신날새의 'What A Wonderful World' 등 한국 악기로 재즈 스탠다드를 연주하기도 한다. 크로스오버 국악은 1985년 결성된 슬기둥으로부터 시작되었다. 작곡가 김영동은 국악가요와 창작국악동요를 만들어 대중에게 친숙한 국악이 되도록 노력하였다. 그 결과, 창작국악동요 '산도깨비', '소금장수'는 초등학교 음악 교과서에 실려 어린이들이 선입견 없이 국악을 받아들이게 되었다. 푸리, 공명 등 창작국악 그룹과 김덕수 사물놀이패는 굳이 선율이 없어도 느낄 수 있는 타악기에, 선율까지 더해 대중에게 한 발 더 다가갔다.

해금은 다른 한국 가락악기에 비해, 음을 자유자재로 구사할 수 있다. 이에 해금 솔리스트 꽃별, 정수년, 강은일, 김애라 등은 다양한 장르의 음악에 대해 이해하고 악기를 개량하는 등의 노력을 계속 하고 있다(재즈피플, 2007년 10월호).

② 크로스오버 국악 감상곡 목록

※ 다음 표의 곡명을 유투브에 검색하면 동영상이나 뮤직비디오로 감상할 수 있다.

곡명 / 아티스트	곡 해설 및 자료검색 시 도움말
Small Flowers Near By The Railroad / 꽃별	–코리아나 화장품 '자인' CF 삽입 –신예 한국 해금 연주자 '꽃별'의 데뷔 앨범. –2001년 한국의 전통 음악가 김용우의 밴드 멤버로서 처음으로 방일 이래 일본 음악관계자에게 눈에 띄어 일본 데뷔(한일 동시발매) –팝, 재즈, 스탠다드 등 다양한 레퍼토리를 연주하고 있으며, 한국 전통 음악의 고전적인 스타일에 얽매이지 않은 연주
난감하네 / ·아티스트 프로젝트 락(樂)	–한국음악의 대중적 재미를 위해 만들어진 에스닉 팝(ethnic pop)그룹 –클레이 애니메이션이 들어 있는 동영상 –자막이 있어 쉽게 알아들을 수 있는 판소리 –춘향전 이야기의 뒷부분을 새로 지어 흥미로움 단, 중간 즈음에 남자를 기준에 재는 듯한 부분이 나오니 편집을 요함.
모두 다 꽃이야 / 류형선	–어린이 가수들의 목소리가 귀여운 노래 –반복이 많아 쉽게 따라 부를 수 있음 –영화 〈귀향〉을 만든 조정래 감독 프로덕션에서 영상을 만들어 아름다움 –국악방송 〉 국악방송 〉 자료공간 〉 어린이 국악교육자료 〉 모두 다 꽃이야
아무 이유 없이 좋은 친구 / 류형선	–어린이들의 목소리가 귀여운 노래 –반복이 많아 쉽게 따라 부를 수 있음 –편곡과 음악 세션의 연주가 훌륭함 –국악방송 〉 국악방송 〉 자료공간 〉 어린이 국악교육자료 〉 모두 다 꽃이야 〉 국악놀이노래
아리랑 랩소디 / 이지수	–웅장한 오케스트라 사운드가 일품임 –아리랑을 서양 악기로 편곡 –검색하다 보면 판소리 가창자와도 협연하는 영상도 있음
나 가거든 / 송소희	–조수미가 부른 〈나 가거든〉과 느낌이 다르니 비교하여 감상해도 좋음 –초반에 생황, 소금의 병주(함께 연주)가 매우 아름다움
캐논 Canon E♭ / 천새빛 가야금	–두 개의 개량가야금을 한 사람이 연주 –국악에서 맛볼 수 없는 가야금 화음 반주임 –피아노나 현악기로 연주한 캐논과 비교하여 감상해 봐도 좋음

곡명 / 아티스트	곡 해설 및 자료검색 시 도움말
Frontier / 양방언	–재일교포 음악가의 색다른 음악 세계를 맛볼 수 있음 –진취적이고 경쾌한 행진곡 풍 음악 –시원한 느낌이 들며 북을 맞춰 연주하기에 좋은 배경음악
Voodoo Child–Jimi Hendrix / Gayageum ver. by Luna Lee	–개인 소장용 영상이나 화질, 음질이 좋음 –가야금 주법을 가까이 볼 수 있어 좋음 –유명 기타리스트의 곡을 가야금으로 연주 –오디오로만 들으면 가야금인지 모를 정도로 기타주법을 완벽히 재현해 냄
히칸바나 / 꽃별	–기타와 해금의 감미로운 선율을 감상 –독백같이 조용하고 감미로움. 서정적 –뮤직비디오 감상: ON STAGE 온스테이지
난타	–요리사들이 주방에서 일어나는 에피소드를 재미나게 연주로 표현 –사물놀이 장단을 차용해 주고받으며 연주
서사 / 원썬 & 서진실	–'클럽 나들'은 원음방송의 〈I love 국악〉을 오픈 스튜디오 형태로 진행한 국악공연 –가야금 연주자 황병기 명인의 작품 〈아이보개〉의 가야금 선율을 샘플링해서 힙합을 접목해 랩을 얹음
사랑하는 우리 아가 / 놀이터	–음악그룹 놀이터의 우리 태교 음악 〈품〉」 –배우 이재용님의 내레이션이 감동적 –샌드아트가 아름다움
버나놀이 / 더 광대	–버나를 활용한 아슬아슬하고 흥미진진한 동작과 재미난 재담 –국악락락 3회 中 –전통놀이 버나놀이 영상 –유아들과 나눌 이야깃거리가 많은 재미난 영상
코오롱 스포츠 40주년 필름 프로젝트 첫 번째 작품 '청출어람'	–판소리 영화, 20분 소요 –시작 후, 8분 즈음에 판소리 〈사철가〉 감상 –감독: 박찬욱 배우: 박찬경, 송강호, 전효정
얼씨구 동화세상 청개구리 이야기	–클레이 애니메이션과 함께 보는 동화 –국악과 함께하는 동화 이야기 –청개구리 이야기

곡명 / 아티스트	곡 해설 및 자료검색 시 도움말
큰 아기 놀아난다 / 아나야, KBS 놓지 마 정신줄 엔딩곡	–애니메이션 엔딩곡 –사물놀이, 판소리의 아니리 스타일의 랩을 들을 수 있음 –지루한 일상 속 재미있게 놀아나는 과정을 사설난봉가의 한 소절을 차용, 발전시켰음 –추임새, 대금 연주 감상 –정신줄, 미친 등과 같은 비교육적 단어가 나와 先 편집 후 감상 –국악락락 3회 中
절대가인 / 농부가	–아카펠라식으로 민요를 부름. –KBS 국악한마당(2013. 11. 8)
새천년 건강체조(기본) 전체 동작	–국민체육진흥공단이 개발한 새천년 건강체조는 전통 〈노동요〉 가락에서 따온 우리 소리와 태권도, 탈춤을 결합시킨 동작으로 남녀노소 누구나 즐길 수 있는 체조
업로드 국악 시즌 2–영상콘텐츠 분야 금상–무지개떡	–영상콘텐츠 부문 금상 수상작 '떡 먹고 엿 먹고 타이포모션' –21세기 한국 음악 프로젝트 공연 중 절대가인 팀의 '떡 먹고 엿 먹고'의 음악을 듣고 신나는 박자와 재미있는 가사에 영감을 받아 만든 타이포 모션
사자놀이 / 더 광대	–사자춤을 추는 사자가 다양한 동물이 됨 –창의적인 동물 표현이 많이 나와 유아들의 재미있는 이야깃거리가 됨

9주차

- ❖ 별달거리 소개
- ❖ 별달거리 구음
- ❖ 별달거리 사물합주

별달거리 소개

별달거리란 사물놀이에서 매우 빠르게 연주되는 장단으로 별과 달이 나오는 덕담의 반주로 쓰여 붙여진 이름이다. '별거리달거리'라고도 부른다. 영남 가락에서 연주되어 알려진 가락으로 영남 가락은 경상도 지역에서 전승되던 풍물굿을 사물놀이 공연에 맞도록 구성한 것이다. 영남 가락은 가락이 쉬운 편이고 혼합장단을 많이 쓰지 않아 어린이들이 연주하기 쉬워 교육용으로 쓰이고 있다. 풍년을 기원하는 구호를 외치며 사물놀이 악기를 연주하는 점이 특징이다. 별달거리는 단모리형 장단으로 빠르고 활기찬 느낌을 주는 가락이다. 앞부분과 뒷부분이 약간 달라 서로 대화하듯 주고받는 묘미가 있다. 별달거리 가락을 연주하고 사이에 덕담 한 구절씩을 끼워 넣는데, 이때 '하늘 보고 별을 따고', '달아 달아 밝은 달아'와 같은 구절이 나와 별달거리란 이름을 붙이게 되었다. 구음으로는 덩-덩-쿵따쿵 쿵따쿵따쿵따쿵-이 된다. 악기 편성은 꽹과리, 장구, 북, 징이다(다음 백과사전).

별달거리 구음

구음(口音)이란 한국 전통 음악의 기악 연주에서 악기 소리를 실제의 소리에 가깝도록 의성화하여 입으로 소리 내어 부를 수 있게 문자로 기록한 독보법(讀譜法)이다. 소리의 음명이나 계명이 아니라, 다만 각 악기에서 나는 소리를 의음(흉내 내어 인공적으로 만드는 소리)에 의해서 저마다의 주법이나 수법(手法), 취법(吹法) 등 모든 연주에 관한 것을 표현하기 위한 하나의 약속이며 시대 또는 악보나 문헌의 종류에 따라 약간씩 다르다. 구음은 정악과 민속악에 두루 쓰인다.

우리나라의 악기 기술 전수방식은 구전심수(口傳心受)이다. 즉, 스승은 입으로 전하고 제자는 마음으로 받는다. 스승은 악보로 전하기보다는 소리를 하나에서 열까지, 모든 방식 그대로 물려주고자 한다. 전통으로서의 가치를 알고 원형을 훼손하지 않고 그대로 전수하려는 마에스터 정신을 엿볼 수 있다.

악기가 연주되는 소리를 흉내 내어 읽는 법을 '구음법'이라 하는데, 이 구음법은 시대에 따라 변화한다. 현행 국립국악원에서 발간되는 악보나 곡목은 대개 다음과 같은 방법에 의해 모든 악기의 구음법을 통일시키고 있다.

황종(黃)=나, 태주(太)=누, 협종(夾)·고선(姑)=루, 중려(仲)=너, 임종(林)=노, 남려(南)=느, 무역(無)·응종(應)=르, 청황종(潢)=나

이러한 구음법은 국립국악원 부설 국악사양성소에서 학생들에게 악보를 읽는 방법을 익히게 하기 위해 1950년대에 발행한 김기수(金琪洙)의 「대마루 108」에서 비롯하였다. 〈죽지사〉에 나오는 '나니나노 나니나노 나니·나니나노 나니나'와 〈수양산가〉의 '네로니네로 노니 나네헤리루(허고) 나루니루(허고) 네로나니 나루니루(허고) 네루레니 느니나노흐나니 나느니 나노니나노 노느니나'와 같은 구절은 모두 관악기의 선율을 구음으로 묘사한 것이다. 옛 악보 중에도 이와 같은 구음법으로 기록한 악보가 있다.

합장단(雙)=덩·떵, 채(鞭)=덕, 북(鼓)=궁·쿵, 굴리기(搖)=더러러러

전하는 옛 악보 중 구음법에 의한 것이 적지 않게 있으며 이를 육보(肉譜)라고 한다.

다음은 사물악기 구음이다. 먼저, 사물악기의 소리를 들어보고 음색을 탐색해 본 뒤 음색과 톤을 흉내 내어 구음하도록 한다. 꽹과리가 북에 비해 음높이가 높은 점, 가죽과 달리 쇠로 만든 악기인 점을 감안하여 리듬을 지켜 읽어 본다.

※ 꽹과리의 리듬은 장구와 같으며 북은 장구의 북편을 칠 때(덩, 쿵)만 연주한다.

- 원래 별달거리는 위 장단을 점차 빠르게 연주한 뒤 극에 이르면 사설을 리드미컬하게 강약을 주어 말하지만 유아들의 연주실력과 언어발달 수준을 고려해 같은 박자로 반복해 연주하는 것이 더 적절하다. 이후 장단이 익숙해지면 상쇠의 한 배(한 박, 여기서는 빠르기란 의미로 이해하는 것이 더 적합)에 맞춰 점점 빠르게 연주해 본다. 상쇠의 빠르기는 상쇠의 몸 움직임을 보고 함께 동작하며 느낄 수 있다.

- 징은 보통 징의 가운데를 쳐서 소리 냅니다. 혹은 옆 테두리를 치기도 한다. 징은 취타나 농악에서는 왼손에 징을 들고 오른손에 징채를 잡고 치지만, 관현합주나 사물놀이를 연주할 때는 걸이에 걸어놓고 앉아서 치며 굿을 할 때는 바닥에 엎어놓고 치기도 한다. 징의 소리를 멈추고 싶을 때에는 소리 즉, 진동을 없애준다. 다시 말해, 울리지 못하도록 손바닥으로 징을 막는 방법이다. 단, 손바닥을 갖다 대면 바로 소리가 사라지므로 자연스럽게 소리를 서서히 줄이고자 할 때에는 징을 친 뒤, 징채를 징의 바깥부분부터 안으로 원을 그리듯이 비비도록 한다. 이처럼 징에 나 있는 동그라미들은 일종의 소리가 열리고 닫히는 길과 같다. 25. 징 무늬의 역할

① 수강 인원을 두 그룹으로 나눈다.

② 한 그룹은 감상을 하고 나머지 그룹은 구음합주를 한다.
(그룹을 나누지 않으면, 소리를 내느라 전체 구음합주를 들어볼 기회가 없다.)

③ 구음합주할 인원을 네 그룹으로 나눠 꽹과리 구음, 장구 구음, 북 구음, 징 구음을 그룹별(합주가 아님)로 해 본다.

④ 구음합주를 할 때 다 같이 처음부터 시작하는 것이 아니라, 돌림노래 형식처럼 서서히 한 구음씩 투입되는 방식으로 구음해 본다.

꽹과리가 위 4마디를 1회 말한다 → 꽹과리는 이를 반복한다. 꽹과리가 두 번째 할 때, 장구 구음을 시작한다. → 꽹과리, 장구가 계속 하고 있다. 꽹과리가 3회째, 장구가 2회째 반복을 시작할 때, 북 구음이 시작한다. → 이와 같은 방법으로, 징까지 구음한다. 이와 같은 방법으로 구음합주를 하게 되면, 결과적으로 꽹과리는 4회 반복, 장구는 3회 반복, 북은 2회, 징은 1회 구음을 하게 된다.

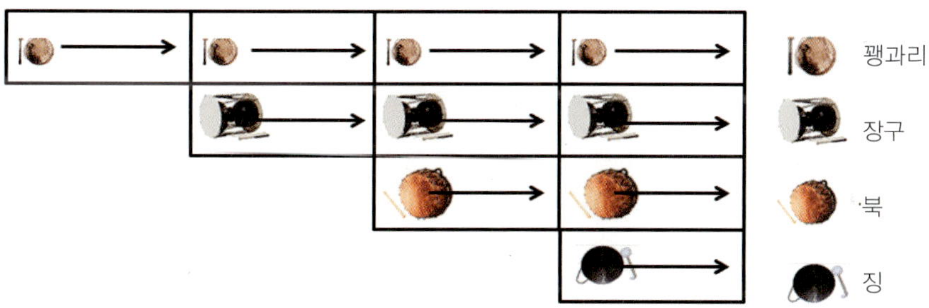

별달거리 사물합주

• 어슷어슷 앉도록 한다. 너무 바짝 붙어 옆 친구와 열을 맞추어 앉다 보면, 서로의 궁채와 열채가 닿아 바른 자세로 연주할 수 없게 된다.

① 장구 기호(덩, 쿵, 덕) 표기와 구음에 대해 알아본다.

② 일어나 걸으며 2박에 대한 개념을 익힌다.

–오른발(하나), 왼발(두울)을 반복하여 제자리에서 걷는다.

–교사는 유아들이 박자를 맞추어 잘 걸을 수 있도록 오른발(하나)에 북을 쳐 주거

나 계속 하나, 두울… 이라고 말해 준다.

③ 교사는 제자리걸음을 하며, 구음을 읽는다.

–한 줄씩 해 본다. (예 덩 덩 쿵덕쿵/쿵덕쿵덕쿵덕 쿵)

④ 유아들은 교사의 제자리걸음을 보며, 구음을 따라 말한다.

⑤ 교사는 장구로 장단을 치며 별달거리를 연주한다.

–사설을 할 때, 유아들이 다 알아들을 수 있도록 발음에 유의해 또박또박 말한다.

⑥ 유아들은 앉아서, 교사의 장구 연주에 맞춰 무릎장단을 친다.

하늘보고 별을 따고 땅을 보고 농사짓고

올해도 대풍이요 내년에도 풍년일세

달아달아 밝은 달아 대낮같이 밝은 달아

어둠 속의 불빛이 우리네를 비춰주네

10주차

❖ 국악기의 종류

❖ 국악기 만들기

국악기의 종류

- 국악기는 국립국악원 내의 국악박물관을 방문하면 실제로 보고 연주음을 들을 수 있으며 심지어 악기를 만져보는 경험까지 할 수 있다. 인터넷 검색창에 악기 이름을 입력해 연주동영상을 보거나 국립국악원 홈페이지에 들어가 연주 음악을 듣고 무료로 다운로드할 수 있다. 뿐만 아니라 생활국악자료실에 들어가면 국악으로 연주한 애국가, 삼일절 노래 등 다양한 의식음악과 행진곡, 핸드폰 벨소리 등과 같은 신호음악을 무료로 듣고 다운로드할 수 있다.

☞ 국악기음원: 국립국악원 〉 연구/자료 〉 악기연구 〉 국악기음원 〉 거문고

- 우리나라에는 가야금, 거문고, 피리, 대금, 해금 등 총 60여 종에 이르는 악기들이 전해 내려오고 있다. 국악기들 중에는 우리 땅에서 기원한 악기, 타국에서 만들어져 전파된 악기가 있다. 비록 외국에서 유입된 악기일지라도 우리 민족의 한(恨)이나 신명과 같은 고유의 정서를 한국음악만의 독특한 기법으로 표현되어 왔다. 그러므로 기원은 우리 것이 아닐지라도 충분히 국악기로 인정받는 것이 마땅하다.

- 아악(雅樂)의 넓은 의미는 민속 음악의 반대가 되는 제례악, 궁중 연례악, 정악의 좁은 의미는 문묘제례악이다. 문묘제례악은 공자와 그의 제자들의 공을 기리기 위한 제사의식에 사용되는 음악이다. 한국 음악을 향악, 당악, 아악으로 나눌 경우, 이때의 아악은 좁은 의미의 아악을 뜻한다. 당악이란 통일신라 이후 고려시대까지 중국에서 수입된 음악의 통칭이다. 향악은 당악이 들어오기 이전인 삼국시대부터 지금까지 내려오는 음악을 말하며 한국 고유의 음악이다.

- 국악기 중에는 악기라기보다는 한낱 의물에 지나지 않는 것도 있고, 또 사용되지 않은 지 오래된 악기도 있다. 문헌에 따라 악기를 구분하는 요목이 다르다. 만들어진 장소에 따라 구분하는 방법(아악기, 당악기, 향악기), 악기의 재료에 따라 구분하는 방법(八音: 악기를 만드는 8가지 재료, 금부, 석부, 사부, 죽부, 포부, 토부, 혁부, 목

부), 악기를 소리 내는 방법에 따라 구분하는 방법(관악기, 현악기, 타악기)이 있다. 금부는 쇠붙이로 만든 악기로, 편종, 특종, 방향, 징, 나발 등이 있다. 석부는 돌을 깎아서 만든 악기로, 편경, 특경 등이 있다. 사부는 실로 만든 악기로, 가야금. 거문고, 비파, 해금, 아쟁 등이 있다. 죽부는 대나무로 만든 악기로, 대금, 피리, 단소, 소금 등이 있다. 포부는 박으로 만든 악기로, 생황이 있다. 토부는 흙을 구워서 만든 악기로, 훈이 있다. 혁부는 가죽으로 만든 악기로, 장구, 좌고, 소고 등이 있다. 목부는 나무로 만든 악기로, 박, 축, 어 등이 있다.

- 국악기의 음색은 서양 악기의 음색에 비해 거칠고 슬프다. 국악기 음색에 대한 이러한 인상은 서양 문화와 동양 문화라고 하는 큰 문화적 차원에서 분석해 볼 필요가 있다. 국악기 중 관악기들은 대부분 대나무로 만든다. 그리고 현악기 줄은 명주실로 만들어져 있다. 서양악기의 재료는 금속 위주인 데 비하여 국악기의 재료는 자연물로 되어 있다. 서양 악기의 차가운 금속성이 냉정과 절도와 논리와 지성을 낳았다면, 우리 국악기의 따뜻한 목질감은 온정과 화평과 서정과 감성을 낳았다고 할 수 있다.

- 자연물로 만들어진 국악기는 기후, 습도나 온도가 달라짐에 따라 매우 민감하게 변화한다. 이러한 점 때문에 비과학적이라고 지적받기도 한다. 그러나 이는 양악기의 재질에 그 기준을 놓고 비교하기 때문에 생기는 오류이다. 국악기는 음악을 연주하는 사람의 신체리듬과 비슷한 원리를 가진 악기이다. 비가 오고 습기가 차면 사람의 기분도 다운되고 우울해지기 마련이다. 이는 햇볕에 따른 사람의 기분변화에 관한 것으로 심리학적 연구나 리서치로 이미 증명된 과학적인 사실이다. 국악기 중 장구를 예를 들어 이해를 해보면, 장구 또한 비가 오면 가죽이 늘어나 음색이 둔탁하게 변한다. 실제로 장마 때, 장구의 가죽을 만져보면 축축함을 느낄 수 있다.

- 60여 종의 국악기 중 많은 수의 악기들이 외국에서 전래되었다. 중국이나 서역계통에서 들어온 많은 악기들이 오랜 역사를 지나오며 한국화되었다. 현존하는 곡인 '보허자'는 송나라에서 유입된 음악이기는 하나, 무수한 변화를 거쳐 한국음악을 연주

하기에 가장 적당한 악기들로 구성되어 연주된다. 양금은 조선조 후기에 청나라로부터 수입되어 지금은 〈영산회상〉과 같은 대단위 음악에 사용되며 토속적인 국악기와 더불어 어울려 합주된다. 토속적인 국악기와 자연스레 연주될 수 있도록 조화로운 양금 자신의 소리를 내게 되었다.

- 국악은 양악과 달리 음을 흔들거나 흘려내리거나, 꺾거나, 밀어올리는 등의 기법이 많이 나온다. 국악기는 이러한 한국음악적 기교(시김새)가 가능하다. 반면, 서양 악기의 경우 한 개의 구멍에서 정확한 한 가지 음이 나야 좋은 악기라 한다. 한 구멍에서 여러 음이 나거나 혹은 조금이라도 높거나 낮은음이 나는 악기는 좋은 악기라고 생각하지 않는다. 그러나 국악기의 경우, 같은 구멍을 잡고서도 악기를 잡은 각도나 부는 방법에 따라 여러 음이 날 수 있다. 또 음을 흘려내리거나 밀어올리거나 또는 매우 심하게 흔들어 줌으로써 한 구멍에서 여러 개의 음이 나올 수 있다. 국악기가 서양 악기에 비하여 비과학적이라고 지적받는 부분이 바로 이 점인데 이 또한 국악의 음악적 특징을 무시한 양악기를 기준으로 한 매우 편향된 비교이다.

- 무용 반주나 노래 반주에 주로 쓰이는 악기 편성을 '삼현육각'이라 한다. 대풍류와 악기편성은 동일하지만 감상용 음악은 대풍류, 무용용 음악은 삼현육각이라 부른다. 삼현육각이라 함은 '3개의 현악기와 6개의 관악기'를 뜻한다. 근래에는 삼현육각보다는, 가야금, 거문고, 대금, 피리, 해금, 장구의 악기 구성으로 반주하는 것이 더 일반적이다.

☞ 검색엔진〉 국악방송〉 국악방송〉 자료공간〉 우리음악 두근두근

1편: 천개의 목소리 해금
2편: 대나무 숲의 바람 대금
3편: 봄의 깨우는 새싹 생황
4편: 기러기와 비단 가야금
5편: 검은 학의 춤 거문고

위 자료를 통해, 동영상으로 악기의 유래와 특징 및 연주곡을 디지털 영상과 더불어 재미있게 감상하며 악기에 대한 이해를 도울 수 있다.

- 가야금은 기러기 발모양(명칭: '안족')의 나무 조각 위에 명주실로 꼬아 만든 줄을 얹어 손가락으로 밀고 당기거나 튕겨 소리를 낸다. 오른 손으로 연주를 하고 왼 손으로 줄을 눌렀다, 놨다가 하며 농현을 한다. 왼 손으로 줄을 누르면 음높이가 올라간다. 전통 가야금은 12줄이나, 현재에 이르러 개량된 가야금은 줄이 25개이다. 25현 가야금의 줄에 색이 칠해져 있는데 이는 옥타브 마디의 기준 음에 해당한다. 줄이 많아 빠르게 연주할 때, 해당 음의 줄을 빠르게 찾기 어려울 수 있어 색을 칠해 놓는 것이다. 26. 가야금 연주법

- 거문고는 6줄이며 오른 손으로 '술대'라는 대나무 속심으로 만들어진 단단한 나무막대를 들고 줄을 밀거나 당기며 연주한다. 가야금 음색에 비해 남성적인 음색을 띤다. 선비들이 문화를 향유하고 정서 함양을 하기 위한 교양 악기로 연주하였다. 거문고 악기 명칭은 왕산악이 연주할 때 검은 학이 날라온 데에서 기인한다. 27. 거문고 연주법

- 대금은 옆으로 길게 놓고 불어 소리내는 관악기로, 부는 방식이 서양의 플루트와 유사하다. 대금으로 고음을 내면 '찌릿'하고 거친 소리가 나는데, 이 소리는 취구(입을 대는 구멍) 옆의 구멍에서 나는 '청' 소리이다. 대금을 잡은 두 손으로 위, 아래로 흔들어 농음(떠는 소리)을 낸다. 대금은 대나무로 만들어졌다. 청은 갈대 속에 붙어 있는 얇은 막(膜)을 벗겨내 이것을 대금의 취구(입을 대는 구멍) 옆의 구멍에 붙여 '청'이 떨리면서 맑고 청아하게 한다. 남성적인 소리를 가진 대금에 청을 붙여서 여성스러움과 한(恨)이 담긴 소리를 담았다. 28. 대금 연주법

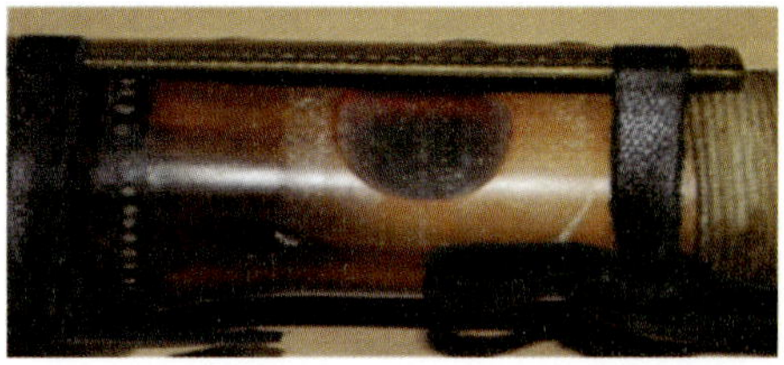

대금 청공

- 피리는 작지만 악기 크기에 비해 소리가 매우 크다. 대금과 달리, 취구 부분(명칭: '서')을 입 안에 넣어 물고 분다. 매해 경주에서는 〈세계피리축제〉가 개최된다. 경주는 우리나라 최초로 음악기관인 음성서(音聲署)가 설치된 국악의 발상지이다. 피리축제의 유래는 신라의 안위와 평화를 지키고자 하는 염원이 담긴 '만파식적' 설화에서 기인한다. 만파식적은 31대 신문왕이 아버지인 문무왕을 위해 감은사를 지은 후에, 해룡이 된 문무왕과 천신이 된 김유신으로부터 받은 신비의 대나무를 가지도 만든 피리이다. 피리축제를 통해, '만파식적'의 의미를 되새기며 '지구촌의 평화'라는 주제로 세계 도처에서 일어나는 천재지변, 대지진, 전쟁 등 어지러운 세상사들이 잠재워지기를 기원하고자 한다. 29. 피리 연주법

- 해금은 2줄로 되어 있는 악기이다. 줄의 아래로 갈수록 저음이, 위로 갈수록 고음이 난다. 왼 손으로 두 줄을 쥐었다, 놨다 하며 음 높이를 변화시킨다. 이와 같은 방법으로 농현(현을 떨어 소리 냄)을 한다. 오른 손에는 활대라는 것을 들고 이 활대로 줄을 긁어 소리를 낸다. 활대는 말총(말 꼬리털)으로 만든다. 해금은 줄을 바꾸지 않고 소리내어 음 사이의 간격을 좁게 연주할 수 있다는 장점이 있어 현대 창작곡에서 주선율을 연주하며 활용도가 많은 악기이다. 소리는 서양악기 중 바이올린과 비슷한 음색을 띈다. 30. 해금 연주법

국악기 만들기

박

준 비 물

하드보드지 1장, 한지(여러 색, 하드보드지를 감쌀 용도), 마끈(하드보드지를 연결할 용도), 칼, 풀, 송곳

제작방법

❶ 하드보드지 7개를 정해진 크기로 자른다(6×13cm).

❷ 자른 하드보드지 위를 한지로 감싼다.

❸ 하드보드지 위에 송곳을 이용해 두 개의 구멍을 뚫는다.

❹ 완성된 하드보드지 7장을 마끈으로 연결한 후 매듭을 짓는다.

꽹과리

준 비 물

스테인리스 그릇, 나무젓가락 1개(튀김용), 원형 모양 나무, 검정색 펠트지, 실, 바늘, 솜, 스타킹, 테이프(검정, 빨강, 노랑, 초록), 조각칼, 우드락 본드, 못, 펜치, 망치, 끈, 장신구 줄

제작방법

❶ 스테인리스 그릇에 못과 펜치, 망치를 이용하여 구멍을 뚫는다.
❷ 구멍에 끈을 넣고 묶는다.

〈꽹과리 채〉

❶ 조각칼을 이용해 원형 나무 조각 가운데를 나무 조각 반 정도 깊이로 판다.
❷ 나무젓가락을 원형 나무 조각에 맞춰 입구에 들어갈 굵기로 자른다.
❸ 나무젓가락을 23cm로 자른다.
❹ 원형 나무 조각과 나무젓가락을 우드락 본드를 이용해 붙여 고정시킨다.
❺ 나무젓가락 윗부분에 검정, 빨강, 노랑, 초록 테이프를 붙인다.
❻ 손잡이 부분에 솜을 붙이고 스타킹을 이용해 모양을 잡는다.
❼ 스타킹 위에 실과 바늘을 이용하여 검정색 펠트지로 감싼다.
❽ 손잡이 아랫부분에 실과 바늘을 이용하여 장신구 줄을 붙인다.

훈

준 비 물

찰흙, 투명 니스, 신문지, 젓가락, 빨대, 물감, 붓, 신문지

제작방법

❶ 찰흙을 이용하여 훈 모양으로 만든다.

〈훈 모양 잡는 방법〉

① 아래 판을 편평하게 만든다.
② 판 위에 또아리를 틀며 모양을 잡는다.
③ 찰흙을 되직하게 갠 물을 발라 겉면은 마무리한다.

❷ 훈에 젓가락이나 빨대로 기공을 뚫는다(모양을 내기도 한다).

❸ 서늘한 곳에 잘 말린다.

❹ 다 마른 후 그 위에 물감으로 색을 칠한 뒤 건조시킨다.

❺ 다 마른 훈 위에 니스를 3~4번 발라 잘 말려준다.

장구

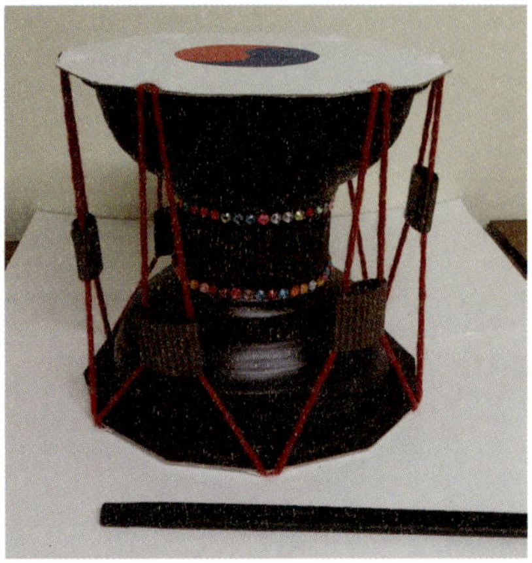

준 비 물

하드보드지 1장, 다회용기 4개, 한지(갈색, 빨간색, 파란색), 반짝이 스티커, 털실, 색 골판지, 펠트지(흰색), 가위, 풀, 나무젓가락, 마스킹테이프, 강력 스프레이

제작방법

❶ 하드보드지를 팔각형으로 2장 자른다.

❷ 다회용기 2장씩 2개를 강력 스프레이 풀로 붙인다.

❸ ❶번과 ❷번을 글루건으로 붙인다.

❹ 2cm 간격으로 칼집을 낸 하드보드지 위에 한지를 붙인다.

❺ ❸사이에 ❹를 붙인다.

❻ 반짝이 스티커를 ❺에 붙여 장식한다.

❼ 일정한 간격을 두어 털실을 장구 윗면과 아랫면에 글루건으로 붙인다.

❽ 글루건 붙인 곳을 하얀 펠트지로 마무리한다.

❾ 색 골판지로 띠를 만들어 털실에 붙인다.

❿ 한지로 태극무늬를 오려붙인다.

〈장구채〉

❶ 젓가락을 마스킹테이프로 감싸서 장구채를 만든다.

태평소

준 비 물

플라스틱컵 뚜껑 2개, 투명 막대 2개, 포일, 색공

제작방법

❶ 플라스틱컵 뚜껑 2개를 금색 래커를 뿌리고 말린다.

❷ 투명 막대를 갈색 색지로 감싼다.

❸ 플라스틱컵 뚜껑과 투명 막대를 붙인다.

❹ 투명 막대 끝 부분에 피리를 붙인다.

❺ 플라스틱컵 뚜껑 안을 포일로 채워주고 금색 래커를 뿌려 말린다.

❻ 철사 모루 끈을 대의 앞부분과 끝 부분에 이어 붙여준다.

❼ 백업을 작게 여러 개를 잘라 대에 붙인다.

❽ 백업을 각 이어주는 연결 부분에 감싸준다.

❾ 플라스틱컵 뚜껑에 펀치로 구멍을 뚫어 술을 묶는다.

어

준 비 물

돼지저금통 1개, 지점토 8개, 베이지색 래커(스프레이형), 받침상자, 포스터물감(검정색), 붓, 한지(갈색, 전통무늬), 김말이 1개, 원뿔 모양 압정 40개, 글루건, 풀, 가위, 문방풀

제작방법

❶ 돼지저금통 겉에 지점토를 붙여 호랑이 형태를 만들고 등에 압정이 들어갈 공간을 마련해 둔 후 말린다.
❷ 지점토를 말린 후 베이지색 래커를 뿌려 말린다.
❸ 검정색 포스터물감으로 호랑이 무늬를 그려 넣는다.
❹ 글루건을 이용하여 원뿔 모양 압정을 등에 고정시킨다.
❺ 어 받침이 될 상자에 문방풀을 이용하여 전통무늬 한지를 붙여 말린다.
❻ 만들어 놓은 호랑이를 글루건을 이용하여 받침상자 위에 고정시킨다.

〈어 채〉

❶ 김말이를 고정시킨 실을 풀어 낱개의 나무 막대기를 분리시킨다.
❷ 지점토를 이용해 손잡이 모양을 만든 후 준비한 막대기 한 뭉치를 꽂는다.
❸ 손잡이 부분 지점토가 마른 후 문방풀을 이용하여 갈색 한지로 감싼다.

11주차

❖ 전통놀이 교구 만들기

❖ 전통놀이의 날

전통놀이 교구 만들기

유아에게 적합한 전통 놀잇감을 직접 만들어 보고 수준별로 놀이방법을 달리해 제시한다. 유아는 전통놀이를 통해 조상들의 지혜를 느끼며 전통문화에 친숙해지는 경험을 하게 된다. 또한, 또래와 어울림의 미덕을 경험해 봄으로써 사회성을 습득할 수 있게 된다. 다음은 유아발달을 고려한 전통놀이 교구 조형활동의 예시이다.

고누놀이(1수준 고누)

연령: 만 4세 / 영역: 자연탐구

활동목표

- 고누가 움직이는 길을 안다.
- 고누놀이 규칙과 방법을 이해한다.

누리과정 관련요소

- 자연탐구 〉 수학적 탐구하기 〉 공간과 도형의 기초개념 알아보기
- 의사소통 〉 듣기 〉 이야기 듣고 이해하기

활동자료

자 1개, 물레방아 테이프 속심 1개(대고 그릴 용도), 유성매직(검정색), A4 용지 1장, 두꺼운 도화지(23×32cm) 1장, 진한 컬러 한지(25×34cm) 1장, 아세테이트지(26×35cm) 1장, 투명 테이프 1개(2.5cm 정도), 플라스틱 음료병 뚜껑(지름 2cm 이상) 4개

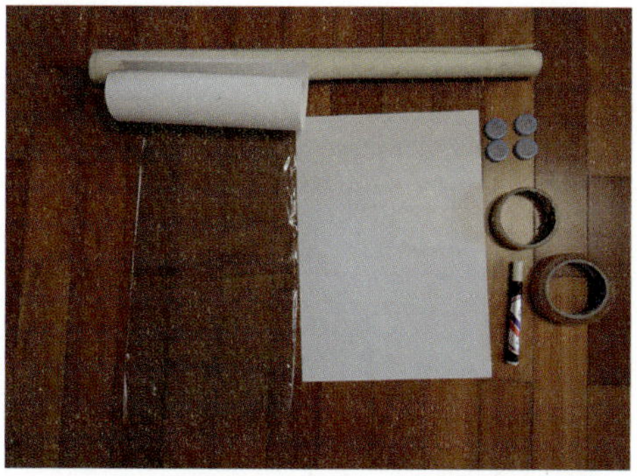

제작방법

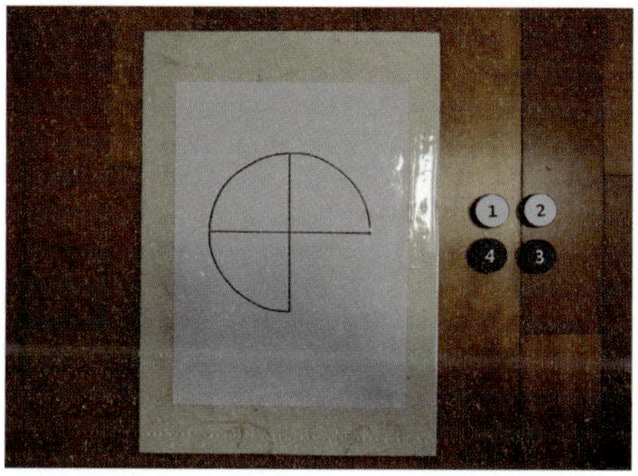

❶ 두꺼운 도화지를 한지로 감싼다.

❷ 1, 2수준 놀이방법 중 유아 수준을 고려해 놀이판과 말의 개수를 선택한다.

❸ A4 용지에 자와 테이프 속심을 대고 선을 그린다.

활동방법

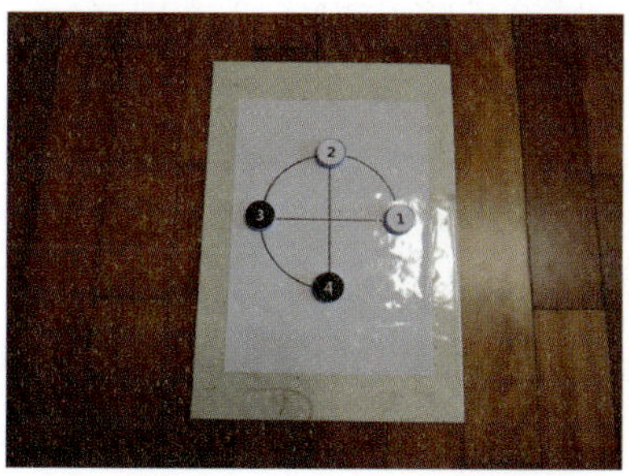

❹ 말판을 그린다.

❺ 양쪽의 말을 두 개씩 준비한 다음 그림처럼 각자 말을 놓는다.

❻ 각각 선을 따라서 한 번에 한 칸씩 말을 움직인다.

❼ 맨 처음 시작할 때는 1과 4는 움직일 수 없고 2와 3을 움직여야 한다.
1이나 4를 먼저 움직이면 길이 막혀 더 이상 놀이를 할 수 없게 되기 때문이다.

❽ 번갈아 말을 움직이다가 상대방 말을 한쪽에 몰아놓고 길을 막아 버리면 이긴다.

참고사항

- 유아의 연령을 고려하여 1, 2수준 놀이방법 중 맞는 놀이방법을 선택한다.

우물고누(2수준 고누)

연령: 만 5세 / 영역: 자연탐구

활동목표

- 우리나라 전통놀이를 알고 즐긴다.
- 다양한 상황을 논리수학적으로 이해하고 해결하려고 노력한다.
- 놀이방법을 이해하며 반복되는 규칙성을 인식하고 활용한다.

누리과정 관련요소

- 사회관계 〉 사회에 관심 갖기 〉 우리나라에 관심 갖고 이해하기
- 자연탐구 〉 탐구하는 태도 기르기 〉 탐구기술 활용하기

활동자료

자 1개, 물레방아 테이프 속심 1개(대고 그릴 용도), 유성매직(검정색), 두꺼운 도화지(23×32cm) 1장, A4 용지 1장, 진한 컬러 한지(25×34cm) 1장, 아세테이트지(26×35cm) 1장,

투명 테이프 1개(2.5cm 정도), 플라스틱 음료병 뚜껑(지름 2cm 이상) 6개

제작방법

❶ 두꺼운 도화지를 한지로 감싼다.

❷ 1, 2수준 놀이방법 중 유아 수준을 고려해 놀이판과 말의 개수를 선택한다.

❸ A4 용지에 자와 테이프 속심을 대고 선을 그린다.

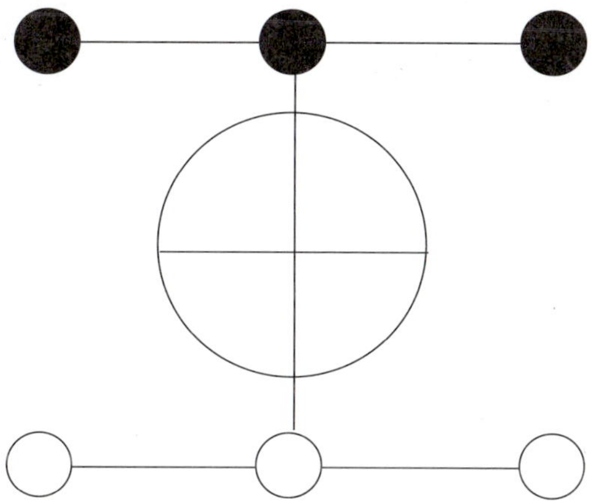

❶

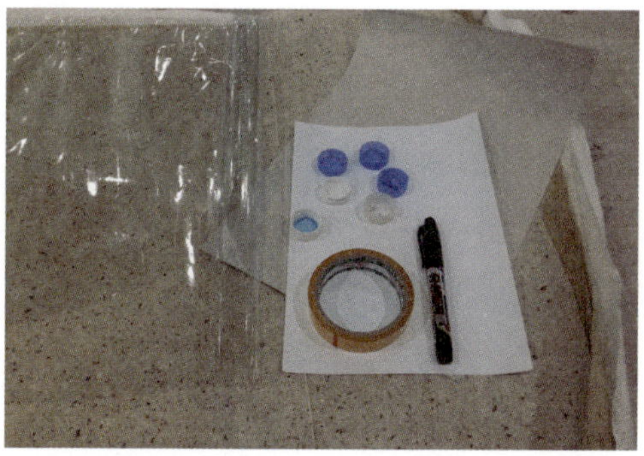

❷

③

④

활동방법

❶ 호박고누 판에 위와 같이 흑돌과 백돌을 놓는다.

❷ 이제 순서를 정하는데, 보통 하수가 먼저 시작한다.
(순서 정하는 방법은 따로 정해져 있지 않다.)

❸ 선을 따라 한 번에 한 칸씩만 움직일 수 있으며 흑과 백이 번갈아가며 둡는다.
단, 집(처음 말을 놓았던 곳)에서 한 번 나온 말은 다시 한 번으로 돌아갈 수 없으며, 상대편 집으로 들어갈 수도 없다. 가운데 원 부분에서는 자유롭게 움직일 수 있다.

❹ 계속 말을 번갈아 두다가 상대방의 말을 한쪽으로 몰아넣어 가둬버리면 이긴다.

사방치기

연령: 만 4세 / 영역: 신체, 수 조작

활동목표

- 우리나라 전통놀이인 사방치기에 관심을 가진다.
- 사방치기 놀이 방법을 이해한다.
- 친구들과 함께 놀이하며 즐거움을 느낀다.

누리과정 관련요소

- 신체운동·건강 〉 신체조절과 기본운동하기 〉 신체조절하기
- 사회관계 〉 사회에 관심 가지기 〉 우리나라에 관심 갖고 이해하기
- 사회관계 〉 다른 사람과 더불어 생활하기 〉 친구와 사이좋게 지내기

활동자료

아세테이트지 2마(90cm×2마=180cm), 마스킹테이프 1개(색깔 상관없음), 지름 20cm 원이 그려진 색 부직포 A4 사이즈 2장, 바느질 도구, 말린 콩(콩주머니용) 어른 주먹으로 큰 두 주먹

제작방법

〈사방치기 놀이판〉

❶ 마스킹테이프로 아세테이트지에 사방치기 선을 그린다.

❷ 색 시트지에 딱풀 뚜껑을 대고 원을 그려 오린다. 사방치기 판에 오린 원 스티커를 칸에 해당하는 숫자의 개수대로 붙인다.

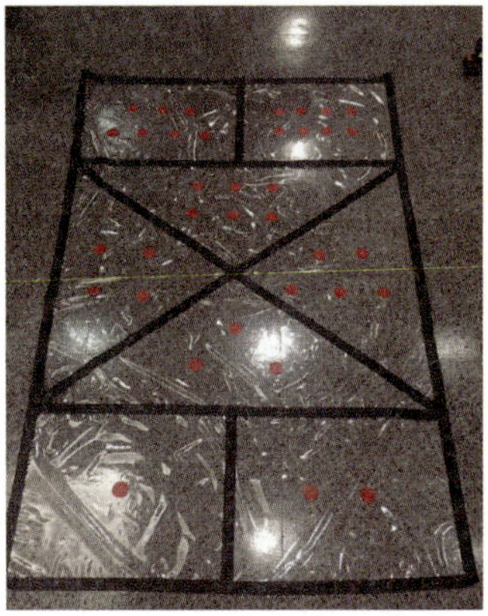

〈콩주머니〉

❶ 원을 그려 자른 부직포 동그라미의 가운데에 콩을 한 줄을 넣고, 원의 가장자리에서 2cm 들어간 부분을 홈질한다(콩이 빠져나오지 않도록 시침질이 아닌 홈질을 한다).

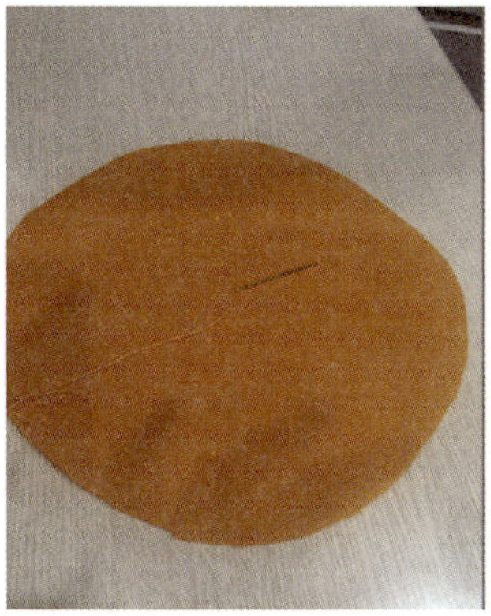

❷ 마지막 바느질에서 실을 끝까지 잡아당긴 후 꿰맨다.

❸ 다른 색 부직포를 끈처럼 길게 잘라, 홈질한 부분의 겉을 리본으로 묶는다.

활동방법

❶ 2~6명이 모여 한 명씩 번호 순서대로 콩주머니를 놓고 1번부터 8번까지 외발이나 두 발로 갔다가 되돌아온다.

❷ 이때 콩 주머니 옆 칸에 있을 때는 외발로 가고, 돌이 3번과 6번에 있을 때는 1번과 2번, 4번과 5번, 7번과 8번에서 두 발로 간다.

❸ 7번과 8번에서 되돌아올 때는 그 자리에서 동시에 뛰어 뒤로 돌아 발이 8번, 7번으로 바뀐다.

❹ 콩주머니가 금에 닿거나 밖으로 나가거나 뛰다가 발이 금에 닿으면 처음부터 다시 시작한다.

❺ 먼저 돌아오는 팀이 승리한다.

참고사항

- 순서를 잘 지켜 진행할 수 있도록 한다.
- 균형을 잘 잡아 넘어지지 않도록 주의한다.

비석 치기

연령: 만 4세 / 영역: 신체건강

활동목표

- 우리나라 전통놀이를 알고 관심을 가진다.
- 자신의 신체를 조절하여 비석 치기를 한다.
- 비석 치기 놀이방법을 알고 즐겁게 참여한다.

누리과정 관련요소

- 신체운동·건강 〉 신체조절과 기본운동하기 〉 신체조절하기
- 사회관계 〉 사회에 관심 갖기 〉 우리나라에 관심 갖고 이해하기

활동자료

- 우유갑(1,000mℓ, 500mℓ, 200mℓ), 양면테이프, 풀, 가위, 테이프, 꾸미기 재료(색한지, 시트지, 색 부직포, 눈알)

제작방법

❶ 색 한지를 이용하여 우유갑을 감싼다.

❷ 표면을 눈알과 시트지, 부직포 등을 붙여 장승으로 꾸민다.

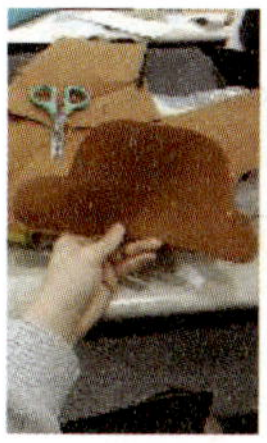

활동방법

❶ 비석 치기에 대하여 이야기를 나눈다.
 - 비석 치기에 대해 들어본 적이 있니?
 - 비석 치기란 무엇일까?
 - 비석 치기는 어떻게 생겨났을까?

❷ 비석 치기 놀이방법을 사진(동영상)을 통해 알아본다.

❸ 비석 치기 놀이 방법에 대해 이야기를 나눈다.
 - 각 반 유아들의 수준에 따라 거리를 두고 줄을 긋는다.
 - 두 편으로 나눈 뒤 놀이 순서를 정한다.
 - 이긴 편은 비석을 발등에 올린 후 출발선에 선다.
 - 비석을 떨어뜨리지 않고 상대편 비석까지 가서 비석을 쓰러뜨린다.

❹ 유아들과 함께 비석 치기를 해 본다.

❺ 비석 치기를 하고 난 느낌에 대해 이야기를 나눈다.
- 비석 치기를 해 보니 어땠니?
- 또 어떤 방법으로 비석 치기를 할 수 있을까?

참고사항

- 비석 말 자료와 함께 사용하여 다른 비석을 맞춘다.
- 비석을 친구에게 던지지 않도록 유의한다.
- 유아들끼리 서로 부딪히지 않도록 충분한 공간을 제공한다.
- 비석을 발등에 얹어서 이동하는 방법 이외에 나의 신체를 이용하여 비석을 옮기는 다른 방법을 생각해 보고, 이를 적용하여 놀이를 진행할 수도 있다(어깨 위에 얹고 가는 방법, 겨드랑이에 끼워 가는 방법, 다리 사이에 끼워 가는 방법 등이 있다).

산가지놀이

연령: 만 3세 / 영역: 자연탐구

활동목표

- 전통놀이인 산가지놀이의 다양한 방법에 대해 알아본다.
- 산가지를 이용하여 여러 가지 모양을 만든다.

누리과정 관련요소

- 신체운동·건강 〉 신체활동에 참여하기 〉 바깥에서 신체활동하기
- 사회관계 〉 사회에 관심 갖기 〉 우리나라에 관심 갖고 이해하기
- 자연탐구 〉 탐구하는 태도 기르기 〉 탐구과정 즐기기

활동자료

나무젓가락 20개, 1.8ℓ 페트병 1개, 5cm 투명 테이프, 한지(여러 색, 나무젓가락과 페트병을 쌀 용도), 투명 래커(스프레이형)

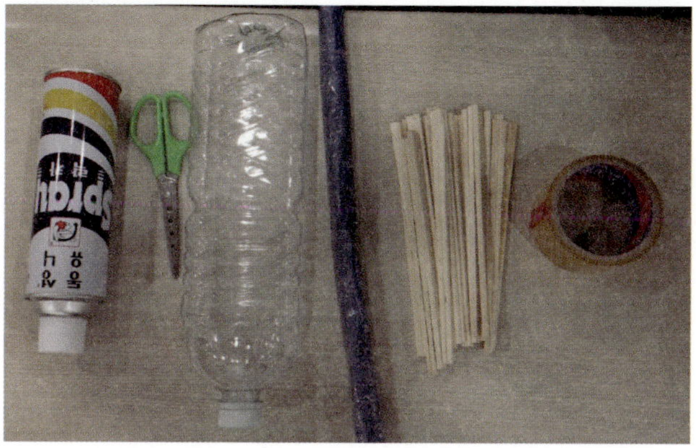

제작방법

〈산가지〉

❶ 나무젓가락을 한지로 싸거나 찢어 붙여 꾸민다.

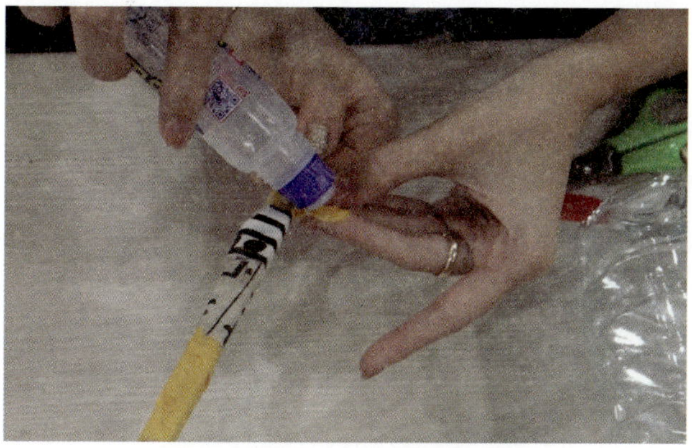

❷ 투명 래커를 뿌리고 말린다.

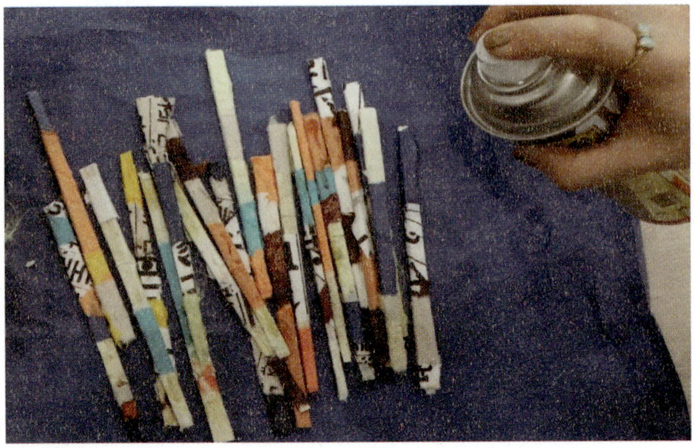

〈산가지통〉

❶ 페트병 윗부분 1/3 지점을 잘라버리고, 날카로운 절단면을 투명 테이프로 감싼다.

❷ 한지를 뜯어 딱풀로 붙이고 투명 래커를 뿌려 말린다.

놀이방법

❶ 활동준비물을 보여주고 탐색하게 한다.

❷ '산가지'를 보여주면서 이야기를 나눈다.
- 왜 나무젓가락에 색을 칠했을까?
- 나무젓가락에 칠해 있는 색은 무슨 색깔일까?
- 이 활동준비물을 이용해서 할 수 있는 것이 무엇이 있을까?

❸ '산가지 놀이'에 대해 설명을 해 준다.
- '산가지'는 옛날에 우리 선조들이 수를 셈할 때 사용하던 막대기야.
- 지금은 나무젓가락을 쓰지만 예전에는 싸리가지나 뼈를 젓가락처럼 가늘게 만들어 세로로 벌려놓아 셈을 했단다.

❹ 활동방법을 설명해 준다.
- 몇 명이 놀이를 할 것인지 정한 후 우유갑이나 깡통을 하나씩 집는다.
- 바닥에 헝겊을 깐다.
- 나무젓가락을 넣은 후 헝겊 위로 던진다.
- 순서대로 나무젓가락을 하나씩 집어 자기 깡통에 담는다. 이때 다른 젓가락을 건드리지 않는다.
- 헝겊 위에 있는 나무젓가락이 모두 없어지면 놀이는 끝난다.
- 가장 많은 젓가락을 가져간 유아가 이기는 놀이이다.

❺ 유아들과 즐겁게 활동한다.
- 활동하면서 놀이 규칙을 새롭게 정할 수 있다.

제기차기

연령: 만 3세 / 영역: 신체영역

활동목표

- 우리나라 전통놀이 제기에 관심을 갖는다.
- 제기차기의 놀이 방법에 대해 안다.

누리과정 관련요소

- 사회관계 〉 사회에 관심 갖기 〉 우리나라에 관심 갖고 이해하기
- 신체운동·건강 〉 신체조절과 기본운동하기 〉 신체조절하기
- 예술경험 〉 예술적 표현하기 〉 움직임과 춤으로 표현하기

활동자료

- 크린백 4장, 고무줄, 가위, 플라스틱 지름 3cm 미만 병뚜껑

제작방법

❶ 크린백의 양옆을 가위로 모두 자른다.

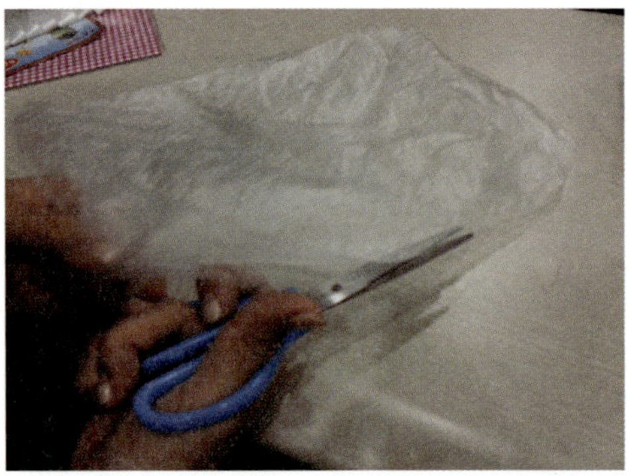

❷ 3~4장을 겹쳐서 세로로 놓은 다음, 위·아래 부분을 돌돌 접는다.

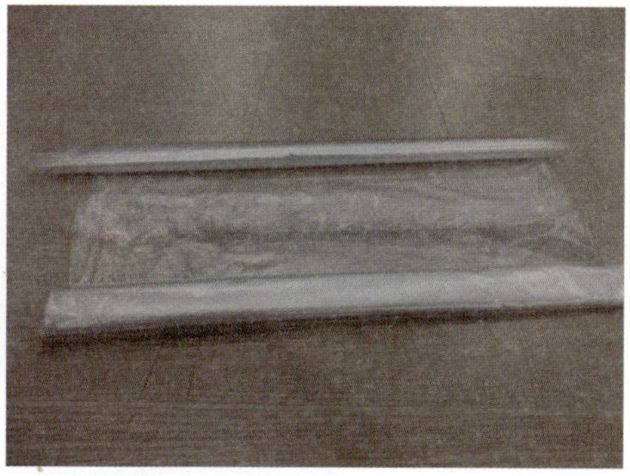

❸ 돌돌 접은 다음, 가운데 부분을 남겨 두고 가위로 적당한 간격으로 자른다.

❹ 양쪽의 접힌 부분을 돌돌 편다.

⑤ 비닐로 병뚜껑을 감싸 고무줄로 단단히 고정한다.

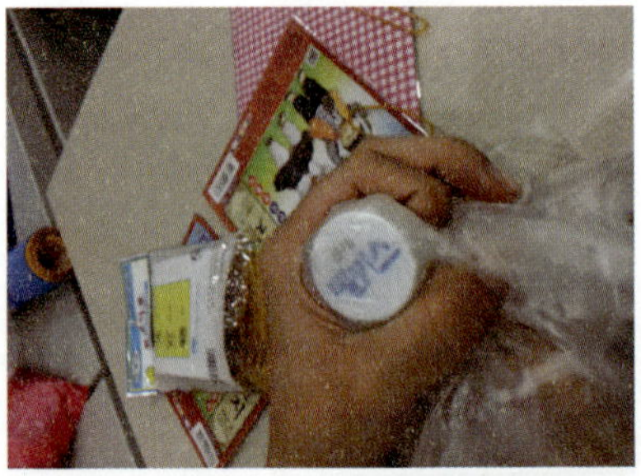

활동방법

❶ 우리나라의 다양한 전통놀이에 대해 이야기 나눈다.

❷ 제기차기를 해 본 경험에 대해 이야기 나눈다.

❸ 제기를 자유롭게 탐색한다.

❹ 제기를 발 이외에 무엇을 이용하여 움직이게 할 수 있을지 이야기 나눈다.

❺ 제기차기를 하며 느낀 점을 이야기 나누고 활동을 마무리한다.

참고사항

- 제기에 줄을 연결해 손으로 줄을 잡고 활동할 수 있도록 한다.
- 신체 이외에 다른 사물 등을 이용해 제기놀이를 할 수 있다.

공기놀이

연령: 만 5세 / 영역: 수, 조작

활동목표

- 우리나라 전통놀이에 관심을 갖는다.
- 여러 가지 방법으로 공기놀이를 할 수 있다.
- 공기놀이를 통해 눈과 손의 협응력을 기른다.

누리과정 관련요소

- 사회관계 〉 사회에 관심갖기 〉 우리나라에 관심갖고 이해하기
- 신체운동·건강 〉 신체조절과 기본운동하기 〉 신체조절하기

활동자료

- 지점토 1팩, 한지, 투명 래커, 딱풀

제작방법

❶ 지점토를 1.5cm 정도 크기로 동그랗게 만든다.

❷ 엄지와 검지를 이용해 모서리가 둥근 정육면체를 만든다.

❸ 그늘에 반나절 정도 말린 다음, 조각한지를 찢어 딱풀로 붙여 투명 래커를 뿌려 말린다.

활동방법

❶ 공기놀이에는 어떤 방법이 있는지 알아본다.

❷ 순서를 정한다.

① 한 알 집기: 다섯 알을 바닥에 던져 흩어 놓고 한 알을 골라서 공중에 던져서 나머지 네 알을 차례대로 한 알씩 집어낸다.

② 두 알 집기: 한 알을 공중에 띄우고 두 알씩 바닥에 공기알을 집어낸다.

③ 세 알집기: 한 알을 공중에 띄우고 바닥의 공깃돌 세 알을 집고 다시 한 알을 띄우고 나머지 한 알을 집는다.

④ 네 알 집기: 공깃돌 다섯 알을 모두 손에 쥐고 한 알을 공중에 띄우고 네 알은 바닥에 놓는다. 한 알을 받은 뒤 다시 공중에 띄워서 바닥에 떨어진 공깃돌을 네 알을 한 번에 모두 집는다.

⑤ 고추장 찍기: 공깃돌 다섯 알을 모두 손에 쥐고 한 알을 공중에 띄우고 집게손가락으로 바닥을 찍고 공깃돌을 받아낸다.

⑥ 꺾기: 공깃돌 다섯 알을 살짝 띄워서 손등으로 받아내고 다시 띄워서 손바닥으로 받는다. 이때 손바닥은 바닥을 향해야 한다.

위의 ①~⑥번을 차례대로 한 번 하면 1살 나이를 먹는 것이다. 정해진 나이에 먼저 도달하면 승리한다.

❸ 정해진 단계를 모두 성공하면 활동이 끝난다.

– 단계를 한 번에 성공하지 못했을 경우, 틀렸던 단계에서 다시 시작한다.

– 공깃돌을 가져갈 때 손에 다른 공깃돌이 닿으면 안 된다.

참고사항

- 공기를 던져 받는 것이 쉽지 않으므로 어린 유아는 두 손을 깍지 끼고 두 손의 검지를 앞으로 내어 집게처럼 만들어 공기를 집어서 옮기는 등 쉽게 할 수 있는 놀이부터 할 수 있다.

딱지치기

연령: 만 4세 / 영역: 신체운동 · 건강

활동목표

- 눈과 손의 협응력을 기를 수 있다.
- 소근육의 발달을 돕는다.
- 전통놀이의 즐거움을 안다.

누리과정 관련요소

- 신체운동·건강 〉 신체조절과 기본운동하기 〉 신체조절하기
- 사회관계 〉 사회에 관심 갖기 〉 우리나라에 관심 갖고 이해하기

활동자료

4절지 색지 1장씩 5색깔, 딱지 담을 상자, 상자를 꾸밀 색 시트지와 한지 조각, 가위, 풀

제작방법

〈딱지〉

❶ 정사각형으로 자른다.

❷ 양면이 맞닿도록 한 번, 두 번 접는다. 긴 막대가 된다.

❸ ❷의 양끝을 세모로 접는다.

❹ 두 종이를 겹쳐놓는다.

❺ 방석 접기를 한다.

〈보관함〉

❶ 상자의 밑 부분에 시트지를 붙인다.

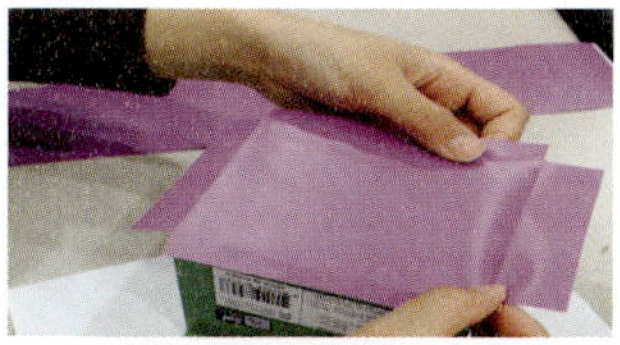

❷ 상자의 옆 부분에 시트지를 붙인다.

❸ 상자의 뚜껑 부분에도 시트지를 붙인다.

활동방법

❶ 가위 바위 보를 하여 진 사람의 딱지를 땅바닥에 놓는다.

❷ 이긴 사람은 자신의 딱지를 상대 딱지 위로 힘껏 내리친다.

❸ 상대 딱지가 뒤집히면 그 딱지를 자신이 갖는다.

❹ 상대 딱지가 뒤집히지 않으면 반대로 한다.

❺ 딱지를 많이 딴 사람이 이긴다.

참고사항

- 막대 모양 종이의 양끝을 세모로 접을 때 세모의 방향이 반대가 되도록 접어야 한다.

전통놀이의 날

'우리나라' 생활주제가 진행되는 9, 10월이나 설날과 같은 고유의 명절이 있는 1월에 보통 유아들은 기관에서 전통놀이를 경험하게 된다. 각 반에 전통놀이를 비치해 경험하게 할 수도 있으나 전통놀이의 날을 기관 행사로 기획할 수 있다. 전통놀이의 특성상 앞선 세대가 공감할 수 있어 어르신을 모시고 하는 행사일 경우에는 생활주제와 상관없이 진행해도 무방하다. 예를 들어 5월에 어르신을 모시거나 가족을 초대해 놀이할 경우, 세대공감 전통놀이 한마당으로 기획해도 좋다. 다음은 기관에서 유아들과 하루로 계획되는 '전통의 날' 행사 계획서의 예시이다.

〈전통놀이의 날〉 행사 계획서

◆ 목표: 전통놀이를 경험한다.
친구들과 함께 협동하며 즐겁게 놀이한다.

◆ 일시: 20_____년 ___월 ____일 10:00 ~ 12:00

※ 40분씩 놀이하고 유아들이 이동하는 방식으로 운영된다.

▶ **10:00 ~ 11:40 전통놀이 체험**

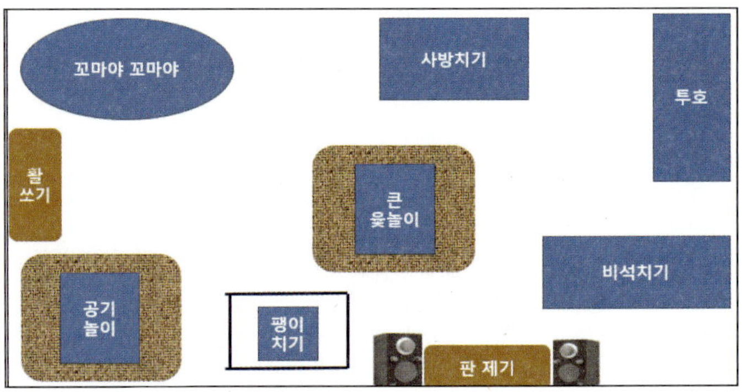

- 바닥에 앉아 놀이하는 윷놀이, 공기놀이 영역은 멍석이나 돗자리를 깔아준다.
- 각 놀이세팅에는 놀이제목, 놀이방법, 놀이 사진이 수록된 안내판을 부착한다.
- 투호놀이, 비석 치기, 활쏘기의 경우 단계별로 서서 놀이하는 출발점을 마스킹테이프로 표시해준다.
- 팽이 치기의 경우 팽이가 바깥으로 나가지 않도록 카프라 블록(나무)을 이용해 경계막을 세워준다.
- 기성품을 사용하거나 유아들과 함께 만든 전통놀이 교구를 활용한다.

▶ 11:40 ~ 11:20 전통 간식 먹기 및 포토존 체험

- 유아들의 기호를 고려해 너무 부담스러운 전통간식은 피한다.
- 당분이 하루 섭취량을 초과하지 않도록 유의하여 조리한다.
- 단체 포토존은 현수막으로 제작하여 커튼이나 벽에 고정하고, 개인 포토월은 유아들이 얼굴을 넣으며 몸을 기댈 수 있으니 안전에 유의하며 놀이하도록 지도한다.
- 개인 포토월 안전사고에 대비하여 사진 찍는 사람 이외에 1인을 개인 포토존에 배치한다.
- 개인 포토월 옆으로 줄 서는 라인을 마스킹테이프로 표시해준다.

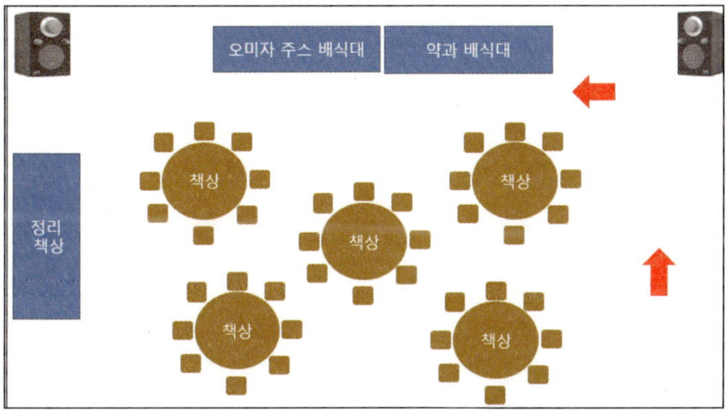

▶ **11:20 ~ 12:00 전통놀이 조형 체험**
- 유아들은 전통놀이 교구를 선택해 만들고 직접 만들어 집으로 가져간다.
- 팽이는 그림을 그려 오린 후 가운데에 구멍을 뚫어 몽당연필을 끼워 가져간다.
- 딱지는 신문지나 잡지를 재사용해 접는다. 한지 색종이에 인쇄해 오리거나 색칠해 붙인다.
- 비석 치기용 비석말(목재 혹은 우유갑) 1개 위에 그림을 그려 꾸민다.
- 고누판과 말을 만든다.

※ 각 반은 다음 반을 위해 이동 전에 정리 시간을 갖는다.
※ 우천 시, 유희실로 옮겨 세팅하여 실내에서 진행한다.
(인원 배치와 세부 재료 준비는 각 교육기관의 상황을 고려한 후, 논의하여 기입한다.)

12주차

- ❖ 한국 무용의 종류
- ❖ 진도아리랑 체조
- ❖ 지전춤
- ❖ 탈춤
- ❖ 모방춤

한국 무용의 종류

한국 무용은 한국의 전통문화를 바탕으로 과거에 전해 내려져 온 춤, 이름만 남아 있는 춤, 또는 새롭게 창작하여 만든 춤(신 무용) 등을 모두 지칭하는 말이다. 구분하는 방법에 따라 다르겠지만, 궁중무용, 민속무용, 가면무용, 의식무용, 창작무용 등으로 나눌 수 있다(김희진 외, 2009) 한국 무용의 기원은 하늘에 제사를 지내는 천제 외에 수렵, 전쟁, 다산 등과 같이 하늘에 무언가를 간절히 기원하는 종교의식에서부터 시작되었다. 춤은 오랜 시간을 거치면서 다양한 형태로 발전하였다. 궁중무용은 유교와 불교의 영향을 받아, 빠르고 급한 장단을 금기시했다. 동작은 우아하고 변화가 적다. 반면, 민속무용은 서민들의 제사와 세시풍속에서 자연스럽게 발달하였고 민중의 정서와 소박한 감정을 적나라하게 표출해내었다. 가면무용은 춤과 노래, 대사가 곁들여진 탈춤을 예로 들 수 있다. 의식무용은 주로 제사에서 행하였으나 종교의 유입에 따라 점차 쇠퇴하였다.

다양한 한국의 춤을 감상해 보며 춤에서 표현하고자 하는 이야기 및 춤의 유래, 특징적이고 재미있는 부분에 대해 알아보며 전통적인 소재를 가지고 유아들과 할 수 있는 활동에는 어떤 것들이 있는지 고민해 본다. 다음은 교육과학기술부(2009) 수탁사업의 일환인 '유치원 특성화 교육과정 운영을 위한 전통예술교육 프로그램'에 수록되어 있는 교육계획안의 예시이다.

부채춤

홍명희 작사/곡

노랫말	동작 그림	동작 설명
전주		부채를 일자로 세워 들고 있다가 왼손 오른손을 번갈아 앞뒤로 흔든다.

노랫말	동작 그림	동작 설명
오색 고운 부채 들고 사뿐사뿐 춤을 춘다.		동그랗게 서서 안쪽을 바라보고 위아래로 박자에 맞춰 흔든다.
살랑살랑 치맛자락 바람에 나부낀다		뒤돌아서 부채를 가슴 정도에 펴고, 접었다 폈다 한다.
활짝 펼쳐진 꽃잎들이		앉아서 부채를 바닥에 펴고 위아래로 네 번 흔든다.
한들한들 날아올라		무릎 높이에서 위아래로 네 번 흔든다.
금실은실 꽃이 핀다.		팔을 앞으로 쭉 펴고 위아래로 네 번 흔든다.

노랫말	동작 그림	동작 설명
하늘 높이 꽃이 핀다.		팔을 하늘을 향해 쭉 펴고 위아래로 네 번 흔든다.
돌아라 돌아라. 빙빙 돌아라.		부채를 머리 위 높이 들고 제자리에서 빙글빙글 돈다.
예쁜 나비가 날아든다.		천천히 내리며 꽃 만들 준비를 한다.
팔랑팔랑 물결 치며 부채 꽃이 춤을 춘다.		다 같이 커다란 꽃을 만들어 한쪽 방향으로 천천히 돈다.

위 제시된 춤 안무는 두 손에 부채를 1개만 들고 추도록 짜여 있다. 유아들의 손 근육 발달을 감안하여 부채를 양손에 1개씩 드는 것이 무리라고 생각하였기 때문이다.

- 부채춤은 전통무용이 아니라, 신(新)무용이다. 김백봉(金白峰)이 창작한 것으로 1954년 11월 26~28일에 서울시공관에서 처음 발표되었으며 한국의 제의적 무속에서 무당이 들고 추던 부채에서 소재를 얻어 창작된 춤이다. 꽃그림이나 깃털로 장식한 화

려한 부채를 양손에 들고 여러 가지 아름다운 모양을 만들며 춤을 춘다(도훈편집부, 2014). 유아들이 양손에 부채를 들고 춤을 추기에는 부채가 자꾸 접혀 유아들의 손가락 힘으로 펼쳐진 부채로 유지하기가 쉽지 않다. 이에 부채의 손잡이 부분을 본드로 붙여 접히지 않도록 고정시키는 방법이 있다. 두 손으로 하나의 부채를 들고 춤을 추는 방법도 있으나, 이 경우 부채춤의 다양한 동작을 표현할 수 없다. 부채춤사위에 한 손으로 부채를 흔들며 접는 동작이 있으나, 사실 유아들이 찰나에 부채를 흔들며 접기란 쉽지 않다. 이에 대다수의 춤사위를 소화할 수 있도록 부채를 펼친 상태로 고정시키는 방법을 제안한다. 다음은 부채를 한 손에 1개씩 들고 추는 유아용 부채춤 교안의 예시이다. 2수준의 부채춤 교안으로 활용할 수 있다.

31. 가을의 노래-노래

가을의 노래

정유나 작사/곡, 정유나 안무

노랫말	동작 그림	동작 설명
처음 대형(준비)	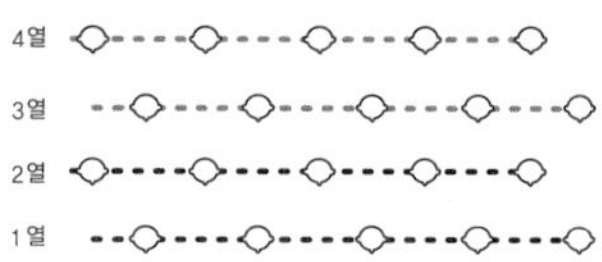	1, 3열을 먼저 세우고 2, 4열은 어슷어슷하게 세워 앞에서 봤을 때 모든 유아들의 얼굴이 보이도록 한다.
사르르 사르르		양손을 들어 바람이 부는 나무에 가지가 흔들리듯이 좌, 우로 흔든다.
바람이 안겨		양손을 머리 위에서 아래로 천천히 내린다.

노랫말	동작 그림	동작 설명
바스락 바스락 낙엽 밟으며	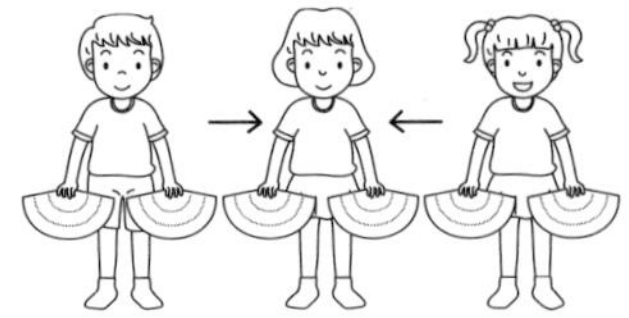	양손을 배 앞쪽에 두고 가운데 기준 친구 옆으로 모인다.
사르르 사르르 바람을 느끼며		양손을 천천히 위로 들어올린다.
바스락 바스락 노래를 하네		양손을 천천히 아래로 내린다.
사르르 사르르 바람의 노래	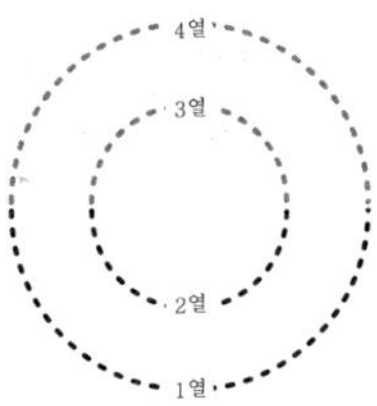	1, 4열이 큰 원을 만들고 2,3열의 유아들은 그 큰 원의 안으로 작은 원을 만든다.
바스락 바스락 가을의 노래	 	'바스락 바스락' 양손을 들어올린다. '가을의 노래' 2, 3열의 유아들은 내리지 않고 손을 들어올린 채로 잘게 흔든다. 1, 4열의 유아들은 천천히 내려 배 근처에서 멈춘다.

☞ 생각해 보자!

☞ 다음에 제시된 무용은 특색 있는 한국무용이다. 조를 나누어, 검색창에 다음 검색어를 넣어 조사해 본다. 조사할 내용은 검색어 아래에 제시하였다.

- 검색어: 학연화대합설무, 채상소고춤, 바라춤, 오고무, 화관무, 포구락무, 사자춤, 지전춤, 부채춤
- 조사할 문항 내용
  ① 춤의 목적이나 유래는 무엇인가?
  ② 이 춤이 다른 전통춤과 다른 특징은 무엇인가?–춤 동작, 의상, 무용 도구 및 무대 장치 등
  ③ 반복되는 춤사위를 그림과 말로 기록해 보자.
- 토론 내용
  위 조사한 내용을 바탕으로, 유아들과 함께할 수 있는 응용활동에 대해 고민해 보도록 한다.

진도아리랑 체조 / 32. 진도아리랑 체조

정유나 안무

노랫말	동작 그림	동작 설명
〈준비동작〉 (교사) "우리 어디 한 번 놀아볼까?" (유아) "얍!"		(말하듯이 주고받으며 유아가 말하는 부분에만 동작을 한다.) 大 자로 양팔을 벌린다.
아리아리랑 스리스리랑		앞으로 6걸음 걷는다. 팔은 자연스럽게 흔들며 걷는다.
아라리가 났네		뒤로 6걸음 걷는다. 팔은 자연스럽게 흔들며 걷는다.

노랫말	동작 그림	동작 설명
아리랑 음음음		가슴 앞에서 손뼉을 치며 사선으로 손을 3번 털며 벌린다.
아라리가 났네		한 손은 귀를 쓰다듬듯이 내리고 다른 손은 양옆으로 팔을 벌린다. 양손을 번갈아가며 어깨춤을 춘다.
문경새재는		국민체조의 노젓기를 하듯이, 옆쪽으로 몸을 돌려 바라보고 양팔을 앞에서 어깨 위로 끌어올린다. 이와 같은 방법으로 2회 한다.
웬 고개인고		양손을 귀밑에 대고 '갸우뚱, 갸우뚱'하듯이, 고개를 좌우로 흔든다.
구브야 구브야		('문경새재는' 동작과 동일) 국민체조의 노젓기를 하듯이, 옆쪽으로 몸을 돌려 바라보고 양팔을 앞에서 어깨 위로 끌어올린다. 이와 같은 방법으로 2회 한다.
눈물이로다		('웬 고개인고' 동작과 동일) 양손을 귀밑에 대고 '갸우뚱, 갸우뚱'하듯이, 고개를 좌우로 흔든다.

33. 진도아리랑–피아노반주– C key
34. 진도아리랑–피아노반주
5. 진도아리랑–노래
35. 진도아리랑–국악반주

진도아리랑

세마치 장단

남도민요

지전춤

호남 지방의 씻김굿에서만 볼 수 있다. 흰 창호지로 만든 수십 장의 지전을 80cm가량 내려뜨린 것을 양손에 쥐고 사방으로 휘저으며 춤을 춘다. 씻김굿은 망자가 이승에서 풀지 못한 원한을 풀어주어 극락왕생하도록 기원하는 굿이다. 이 춤은 축원적 성격을 가지고 있다. 그러나 춤사위는 반드시 일정하지 않다. 춤사위는 양어깨를 활짝 펴고 동작 없이 정지한 동작, 양팔을 차례로 ×자형으로 몸 앞에서 교차하면서 흔드는 동작, 양팔을 몸 앞에서 따로 흔들어 태극무늬를 그리는 동작, 팔을 엎었다 뒤집는 동작을 하되 움직임의 반동을 이용하여 곡선을 이루고 회전하면서 추는 동작과 양손을 좌우로 흔드는 동작, 머리 위에서 원을 그리듯이 팔을 휘돌리는 동작, 양손을 교대로 상하로 흔드는 동작, 양팔을 둥글게 위로 올려서 손바닥을 위로 하고 꽃 모양으로 만든 동작 등이 있다. 특징은 제자리 춤이 많고 뛰는 동작은 없으며 무겁고 적적하며 우아하다. 반주로 쓰이는 장단은 굿거리, 선부리, 떵떵이, 자진모리이다. 복장으로는 평복을 입거나, 머리에 백색 고깔을 쓰고 백색 장삼을 입고 다홍 띠를 사선으로 걸친다. 즉, 흰색 복장에 적색 선을 조화시킨 무복이다(민족문화대백과사전).

유아들과 무속적인 의미에 대한 이야기 나누기가 어렵다고 지전춤 추기를 기피하기보다는 우리 문화유산인 춤이라고 설명해 준다. 정작 유아들은 그 의미와 기원보다는 문화로서 이해하고 있는데 교사들은 무속신앙에만 초점을 맞추고 소개하기를 꺼린다. 진도씻김굿은 죽은 사람을 축복해주는 행사이며 현재 유네스코에 등재되어 있는 문화유산임을 설명한다. 유아들과 함께 춤을 출 때 필요한 준비물 지전을 만들어 보고 지전춤을 춰 볼 수 있다.

〈지전 만들기〉

❶ 신문지를 겹쳐 윗부분을 10cm가량 남겨놓고, 아랫부분을 가위로 갈기갈기 오린다.

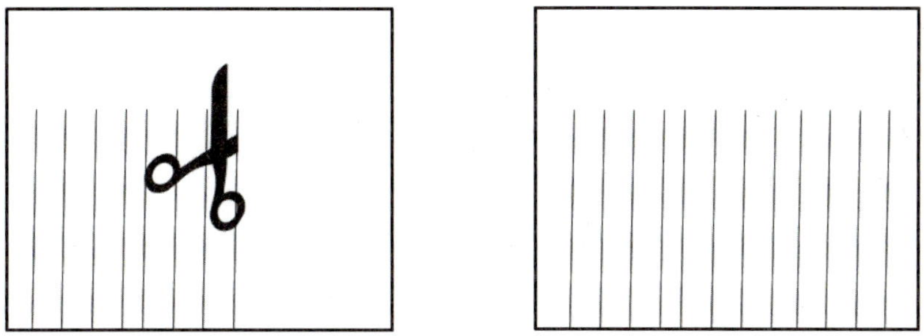

❷ 남겨놓은 윗부분을 굴리면서 동그랗게 말아 마스킹테이프로 붙인다.

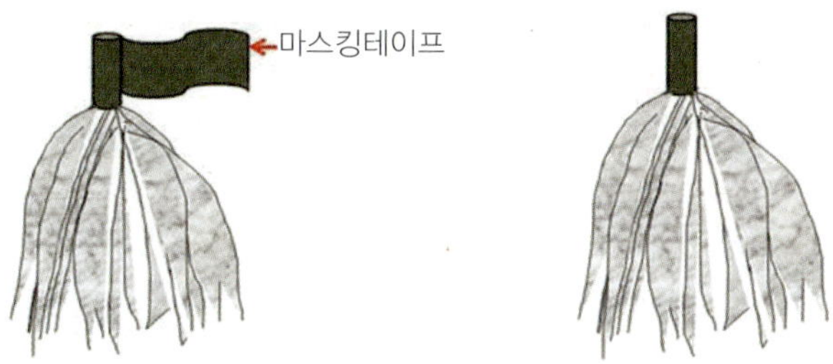

❸ 같은 방법으로 1개 더 만든다.

신문지 춤을 춰요

활동유형	소집단 활동 – 신체표현
활동목표	음악에 맞추어 신문지를 가지고 지전춤을 춰본다. 친구들의 지전춤 공연을 감상하며 아름다움을 느낀다. 지전춤에 관심을 가지고, 지전춤의 의미에 대해 안다.
활동자료	신문지 지전, 씻금 음원, 지전춤 동영상, 부분 동작 동영상
사전 활동	1. 지전춤에 대해 알아보고, 지전춤 관련 영상을 감상한다. 2. 신문지를 이용하여 지전을 만들어 본다.
활동방법	1. 지전춤에 대해 다시 한 번 회상한다. – (신문지로 만든 지전을 흔들며) 애들아, 이것이 무엇인지 알고 있니? – 이것을 가지고 춤을 추는 모습도 보았었지, 이 춤의 이름을 기억하고 있니? 2. 지전춤 전체 영상을 다시 한 번 감상해 본다. – 지전춤에는 어떤 동작이 나왔는지 기억나니? – 손이 어떻게 움직였니? – 한국 창작무용 가운데 지전춤이 있다. 지전이라는 소품을 양손에 하나씩 쥐고 추는 춤이다. 지전은 한지를 잘게 찢어서 한데 묶어 늘어뜨린 것으로 총채와 먼지털이개를 확대시킨 모양과 비슷하다. 3. 교사가 준비한 지전춤 영상을 보며 기본동작을 알아본다. – (등장) 지전을 양손에 쥐고 왼손은 손 허리, 오른손은 어깨에 올려 한 줄 기차로 줄을 맞추어 등장해 보자. – (x 모양 만들기x2) 어깨에 올린 손(오른손)을 앞으로 뻗어 x자를 만들어 보자. – (옆으로 흔들기x2) 팔을 왼쪽 오른쪽 옆으로 흔들어 보자. – (머리 위에서 원 그리기x1) 손을 위로 뻗어 한 바퀴 돌면서 원 모양을 만들어 보자. – (손을 바꾸어 반복) – (양손 위아래 흔들기x2) 나비가 나는 것처럼 팔을 머리 위로 올렸다가 아래로 – (교차해서 뻗기x2) 두 손을 모은 상태에서 오른손은 위로 왼손은 아래로 뻗고, 다시 두 손이 만났다가, 오른손은 아래로 왼손은 위로 뻗어보자. – (어깨 뒤로 넘기기x4) 지전을 어깨 뒤로 크게 날려 올려볼까, 왼쪽 오른쪽 몸을 흔들어 보자. – (아래로 흔들며 내리기x2) 오른손을 아래로 내리고, 다시 어깨 위로 올려보자. 그다음 왼손을 아래로 내리고, 다시 돌아오면서 북을 치는 것처럼 흔들며 아래로 내려준 후, 다시 손을 어깨에 올려보자. – (마무리) 두 손을 어깨에서 아래로 내리며 한 바퀴 돌아 손을 모아 인사해 보자. 4. 음악에 맞춰 지전춤을 춰본다. 5. 지전춤을 춘 느낌을 나누어 본다. – 지전춤을 춰 보니까 느낌이 어때? – 어떻게 움직이는 것이 재미있었어? – 다시 해 보고 싶은 동작은 무엇이니?

참고

동작 이름	동작 그림	동작 설명
등장		지전을 양손에 쥐고 왼손은 손 허리, 오른손은 어깨에 올려 한 줄 기차로 줄을 맞추어 등장해 보자.
X 모양 만들기 2회		어깨에 올린 손(오른손)을 앞으로 뻗어 x자를 만들어보자.
옆으로 흔들기 2회		팔을 왼쪽 오른쪽 옆으로 흔들어보자.
머리 위에서 원 그리기 1회		손을 위로 뻗어 한 바퀴 돌면서 원 모양을 만들어보자..
손 바꾸어 반복		

	동작 이름	동작 그림	동작 설명
참고	양손 위아래 흔들기 2회		나비가 나는 것처럼 팔을 머리 위로 올렸다가 아래로 흔들어보자.
	교차해서 뻗기 2회		두 손을 모은 상태에서 오른손은 위로 왼손은 아래로 뻗고, 다시 두 손이 만났다가. 오른손은 아래로 왼손은 위로 뻗어보자.
	어깨 뒤로 넘기기 4회		지전을 어깨 뒤로 크게 날려 올려볼까. 왼쪽 오른쪽 몸을 흔들어 보자.
	아래로 흔들며 내리기 2회		오른손을 아래로 내리고, 다시 어깨 위로 올려 보자. 그다음 왼손을 아래로 내리고, 다시 돌아오면서 북을 치는 것처럼 흔들며 아래로 내려준 후, 다시 손을 어깨에 올려보자.
	마무리		두 손을 어깨에서 아래로 내리며 한 바퀴 돌아 손을 모아 인사해 보자.

※ 반드시 전통 음원에 맞춰 출 필요는 없다. 박자나 빠르기를 조정하여 유아들에게 익숙한 동요나 크로스오버 국악에 맞춰도 무방하다.

다음은 창작국악동요 〈모두 다 꽃이야〉(류형선 작사/곡)에 맞춘 유아용 지전춤 교육계획안이다. 곡의 길이는 길지만 반복되는 노랫말이 많은 많아 어렵지 않게 익힐 수 있다. 유아들이 동작의 별명을 정해 구령처럼 동작을 떠올리도록 돕는다. 예를 들어, '손을 가슴 부위에서 번갈아 돌리는 동작'이라고 부르기보다는 '선풍기 날개'라는 동작의 별칭을 다음 동작에 앞서 미리 외쳐 알려준다.

정유나 안무

노랫말	동작 그림	동작 설명
산에 피어도 꽃이고		양손을 아래에서 위로 천천히 들어올린다.
들에 피어도 꽃이고		양손을 위에서 아래로 천천히 내린다.
길가에 피어도 꽃이고		양손을 아래에서 위로 천천히 들어올린다.
모두 다 꽃이야	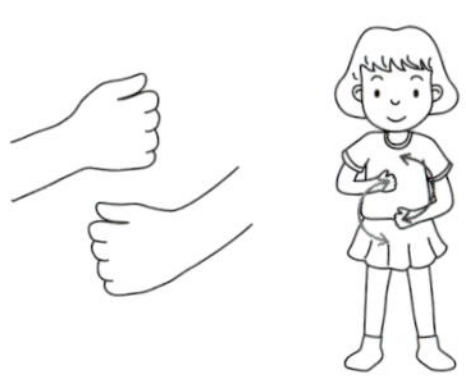	양손을 배 부위에 둔다. 이때 왼손이 위, 오른손이 아래에 놓이도록 놓은 상태에서 빨리 위에 있던 손을 아래로, 아래 있던 손을 위로 반복하여 움직인다.

노랫말	동작 그림	동작 설명
아무데나 피어도 생긴대로 피어도 이름없이 피어도		한 손씩 양옆으로 천천히 벌린다.
모두 다 꽃이야		양손을 배 부위에 둔다. 이때 왼손이 위, 오른손이 아래에 놓이도록 놓은 상태에서 빨리 위에 있던 손을 아래로, 아래 있던 손을 위로 반복하여 움직인다.
봄에 피어도 꽃이고		양손을 왼쪽 아래에서 시작하여 머리 위에서 오른쪽으로 돌린다. 손을 움직이기 시작과 동시에, 한 바퀴 돈다. ×3회
여름에 피어도 꽃이고		
몰래 피어도 꽃이고		
모두 다 꽃이야		양손을 배 부위에 둔다. 이때 왼손이 위, 오른손이 아래에 놓이도록 놓은 상태에서 빨리 위에 있던 손을 아래로, 아래 있던 손을 위로 반복하여 움직인다.

노랫말	동작 그림	동작 설명
아무데나 피어도 생긴대로 피어도 이름없이 피어도		한 손씩 양옆으로 천천히 벌린다.
모두 다 꽃이야		양손을 배 부위에 둔다. 이때 왼손이 위, 오른손이 아래에 놓이도록 놓은 상태에서 빨리 위에 있던 손을 아래로, 아래 있던 손을 위로 반복하여 움직인다.
간 주		
산에 피어도 꽃이고		양손을 아래에서 위로 천천히 들어올린다.
들에 피어도 꽃이고		양손을 위에서 아래로 천천히 내린다.
길가에 피어도 꽃이고		양손을 아래에서 위로 천천히 들어올린다.

노랫말	동작 그림	동작 설명
모두 다 꽃이야		양손을 배 부위에 둔다. 이때 왼손이 위, 오른손이 아래에 놓이도록 놓은 상태에서 빨리 위에 있던 손을 아래로, 아래 있던 손을 위로 반복하여 움직인다.
아무데나 피어도 생긴대로 피어도 이름없이 피어도		한 손씩 양옆으로 천천히 벌린다.
모두 다 꽃이야		양손을 배 부위에 둔다. 이때 왼손이 위, 오른손이 아래에 놓이도록 놓은 상태에서 빨리 위에 있던 손을 아래로, 아래 있던 손을 위로 반복하여 움직인다.
아무데나 피어도 생긴대로 피어도 이름없이 피어도		옆으로 뻗은 왼팔의 어깨 위에 오른손의 지전을 걸치고 허리를 앞, 뒤로 숙였다 폈다를 반복한다.
모두 다 꽃이야		양손을 배 부위에 둔다. 이때 왼손이 위, 오른손이 아래에 놓이도록 놓은 상태에서 빨리 위에 있던 손을 아래로, 아래 있던 손을 위로 반복하여 움직인다.

노랫말	동작 그림	동작 설명
아무데나 피어도 생긴대로 피어도 이름없이 피어도		옆으로 뻗은 왼팔의 어깨 위에 오른손의 지전을 걸치고 허리를 앞, 뒤로 숙였다 폈다를 반복한다.
모두 다 꽃이야		양손을 배 부위에 둔다. 이때 왼손이 위, 오른손이 아래에 놓이도록 놓은 상태에서 빨리 위에 있던 손을 아래로, 아래 있던 손을 위로 반복하여 움직인다.

탈춤

- 현재 전하는 탈춤은 중부지방의 양주별산대놀이와 송파산대놀이, 서북지방의 봉산탈춤과 강령탈춤, 영남지방의 통영오광대와 고성오광대, 그리고 수영야유와 동래야유가 있다. 이 밖에 하회별신굿 탈놀이, 북청사자놀음과 같은 다소 다른 형태의 가면극도 있다.

- 한국 가면극의 형태를 보면, 춤이 주를 이루고 연주와 노래 부분과 몸짓과 사설, 그리고 대사로 구성된 연극적 부분으로 구성되어 있다.

- 봉산탈춤은 다른 지방의 탈놀이에서 끊임없이 영향을 받으면서 개량되고 명수들의 배역과 뛰어난 연기로 주위에 명성을 떨쳤다. 그리하여 19세기 말과 20세기 초에 이르러 강령탈춤과 함께 황해도 탈놀이의 최고봉을 이루었고 1967년에 중요 무형문화재로 지정되었다. 놀이내용은 길놀이, 고사, 무동춤으로 이루어진 전편과 탈놀이로 이루어진 후편으로 이루어진다. 길놀이는 탈놀이에 출연하는 일부가 악공의 연주를 시작으로,

사자 이하 등장인물들이 순서로 열을 지어 읍내를 일주한다. 이때 원숭이는 앞뒤로 뛰어다니며 장난을 치는 연희를 한다. 동네 일주를 하며 광장에 다다르면 행렬은 모두 어울려서 춤을 추고 다시 열을 지어 지정된 놀이터로 가서 본격적으로 탈춤을 시작한다. 이때, 원숭이와 사자는 놀이판이 좁아지면 관객을 정리하며 공연공간을 넓히는 일을 한다(장사훈, 2003).

- 봉산탈춤에 사용되는 가면은 사자를 비롯해 총 26개가 사용된다. 배역은 모두 34역이나 이 중 겸용 가면이 있다. 가면의 주재료는 종이이다. 연주되는 악기는 피리, 대금, 북, 해금, 장구이며, 가락은 염불·타령, 굿거리 장단이다.

기본 춤사위	동작 그림	동작 설명
불림 (봉산탈춤에서 가장 기본적인 춤사위이다. 재담이 끝난 다음 춤을 추기 위하여 악사들에게 반주를 해 달라는 신호로 춤을 춘다.)		"낙양동천 이화정"(고사 · 한시 구절)을 외치듯 읊으면서 시작한다. 양발을 어깨너비만큼 벌리고 양팔도 어깨너비만큼 올려서 S자를 그리면서 내려오고 무릎을 구부리면서 팔이 내려온다.
고개 잡이		손에 긴 한삼을 어깨에 걸치고 발은 어깨너비만큼 벌리고 상체를 반우향우 방향으로 틀면서 고개를 무릎까지 숙였다 들고 다시 허리까지 숙였다 든다. 이 동작을 우측으로 두 번, 좌측으로 두 번 한다.
다리 들기		발을 벌린 상태에서 한삼을 어깨에 걸치고 오른쪽 발을 두 번 높이 들었다 내려놓는다. 왼쪽 발도 두 번 들었다 내려놓는다. 이때 발끝은 하늘로 향하게 하고 무릎은 바깥쪽으로 내보내면서 발을 든다.

기본 춤사위	동작 그림	동작 설명
황소걸음		발을 벌린 상태에서 한삼을 어깨에 걸치고 오른쪽부터 왔다 갔다 한다.
외사위		왼쪽발을 앞으로 내디디며 오른쪽 발을 발들기 동작과 같이 들며 뛴다. 오른손을 들어 머리 위에서 뒤에서부터 앞으로 원을 그린다. 왼손은 수평을 유지한다. 상체는 반우향우 방향을 유지한다. 왼편은 오른쪽과 같이하면 된다.

☞ 검색엔진 〉 봉산탈춤 〉 동영상

모방춤

- 인류 최초의 춤의 형태는 동물류나 조류, 그리고 모든 사물을 흉내 내는 모방춤이었다. 옛날, 우리 조상은 동물의 소리와 움직임을 흉내 냄으로써 동물을 이길 수 있는 힘을 얻는다고 믿었다. 또한 동물의 형태와 유사한 춤을 추어 동물을 유인하였다.

- 미신적인 주술의 의미로서 동물을 모사하기도 하였다. 농부는 풍농을 기원하기 위해 땅을 밟는 춤을 추었다. 개구리를 모방한 춤을 추어 비가 오기를 기원하였다. 이외에 동물이 아닌, 사람을 흉내 내는 춤을 추기도 하였는데 이는 신과 소통하기 위한 주술행위에서 비롯되었다고 한다. 농사는 주식생산에 있어 굉장히 중요한 일이었다. 노동력과 군사력의 중요한 시대였으므로 다산과 풍요를 기원하며 성행위를 춤으로 표현하기도 하였다. 다산을 상징하는 성기를 신앙시하는 풍속에 의해, 남자, 여자의 생식기 형태를 의미하는 모양으로 줄을 꼬아 줄다리기를 하였다. 병신춤은 정확한 문헌기록이 없어 그 기원이 확실하지는 않으나 무당이 신으로 분장하여 춤춘 것

에서 유래되었다. 조선시대 중엽 이후, 양반과 천민의 차별이 극심해진 시기에는 양반을 흉내 내고 풍자하는 병신춤이 많이 추어졌고 무당의 굿판에서 병신춤이 추어졌다. 동물 모방춤은 토테미즘 영향에 따른 것으로 동래지방의 〈학춤〉이 유명하다. 동물 모의춤에는 전라도의 〈개구리 무용〉, 경상도의 〈두꺼비춤〉, 부산지방의 〈학춤〉, 전라도지방의〈곰춤〉, 서울 경기지방의 〈오리춤〉 등이 있다(장사훈, 2003).

다음은 유아들이 동물 모방춤을 할 수 있도록 만들어진 곡이다. 아래의 금강산 구룡연 계곡의 개구리 바위에 대한 설화에 대해 듣고 응용활동으로 해 볼 수 있는 신체표현을 소개한다.

옛날 온정리 산 아래에는 오래된 우물이 있었다.
이 우물 속에는 10여 마리의 개구리들이 살고 있었는데 이들 개구리가 매일 보는 것은 좁은 우물과 머리 위로 보이는 작은 하늘이 고작이었다.
어느 날 우물가에 까마귀 한 마리가 날아와 앉았다.
개구리들은 드물게 보는 외부 생물인지라 바깥 세계에 대한 것을 물어보게 되었다.
까마귀의 이야기에 놀라워하던 개구리들은 드디어 까마귀에게 가장 아름다운 곳이 어디냐고 물어 보았다.
그런데 뜻밖에도 까마귀는 개구리들이 살고 있는 지역의 금강산이라고 말하는 것이었다,
개구리들은 자신이 살고 있는 지역이 세상에서 가장 아름답다는 말을 듣고 한편으로는 놀라워하고 또 한편으로는 실망하면서, 자기들 중에 대표를 한 마리 뽑아 세상 밖으로 내보내기로 하였다.
까마귀의 등에 업혀서 세상 밖으로 나온 개구리는 구룡연 계곡 입구에 내리게 되었다,
세상의 아름다움에 놀라 있던 개구리는 금강산의 절승에 더더욱 벌린 입을 다물 줄 몰랐다. 드디어 개구리는 자기 발로 금강산을 다니면서 구경하기로 마음을 먹고 천천히 구룡연 계곡을 기어오르기 시작하였다.
그런데 굽이를 돌수록 아름답고 기이한 경치가 속출하는 것이다.
그 자연의 아름다움에 도취한 개구리는 결국 동료들의 기다림을 잊어버린 채 그 자리에서 눈을 부릅뜨고 돌이 되어 버렸다.
그 바위가 바로 개구리바위이다.

출처: 문화콘텐츠 닷컴.

36. 개구리 바위–피아노반주 C key

37. 개구리 바위–피아노반주

38. 개구리 바위–노래

39 개구리 바위–국악반주

개구리 바위

자진모리 장단

정유나 작사/곡

활동방법

❶ (38. 개구리 바위–노래를 틀어준다.) 곡을 감상하고 느낌에 대해 이야기 나눈다.
–어떤 노랫말들이 있었는지 물어보고 유아들이 회상한 내용을 정리해 본다.

❷ (36. 개구리 바위–피아노반주 C key를 틀어준다.) 반주에 맞춰, 교사와 유아가 부분을 나누어 불러본다.

❸ (36. 개구리 바위–피아노반주 C key를 틀어준다.) '개구리' 단어가 들어가는 곳마다 여러 동물의 이름을 넣어 불러본다.

36. 개구리 바위–피아노반주 C key

[ ] 바위

(말하듯이, 아니리) "[ ]가 되어라!"

❹ (36. 개구리 바위–피아노반주 C key를 틀어준다.) 노래에 나오는 동물을 몸을 표현하며 놀이한다.

–노래의 앞부분에 교사가 말하는 동물이 될 것임을 알려준다. 이에 어떤 동물이 될 것인지 주의 깊게 잘 들어야 한다. 노래가 시작되면 동물이 되어 움직이다가 노래의 뒷부분인 '[ ] 바위 되었네'에서 움직임을 멈춘다.

- 다음은 한글 모방춤 교육계획안이다. 한글의 위대한 점은 먼저, 세계의 7,000개의 언어 중 유일하게 만든 사람과 만들어진 시기를 알 수 있는 글자란 점이다. 특히, 세종대왕의 한글창제 동기가 바로 '애민정신(백성을 사랑한 마음)'이라는 점에서 위대하다고 할 수 있다. 병에 대비하고 주의하라는 방(공지)을 읽지 못해 더 큰 피해를 입은 백성을 보고 그 원인이 글(당시, 방은 한자로 기록되었음)을 읽지 못하는 것임을 안 세종대왕은 누구나 쉽게 읽고 쓸 수 있는 글을 만들어 백성이 다시는 억울한 일을 당하지 않도록 하고자 한글을 만들게 되었다. 세종대왕은 한글 창제 후 시력을 잃게 되었다. 훗날, 민족의 스승인 세종대왕의 양력생일을 기념해 양력 5월 15일을 스승의 날로 삼았다.

☞ 인터넷 동영상 검색 〉 한글춤 〉 이숙재 교수

한글 모방춤

활동목표

- 한글의 우수성에 대해 안다.
- 몸으로 한글의 다양한 필체를 흉내 낸다.

활동자료

한글의 우수성 관련된 이야기 나누기 자료(이상봉 디자이너 작품, 한글의 원리에 대해 나온 정보책), 스크린이나 하얀 벽, 부분 조명이나 OHP 기계, 다도하기에 적절한 국악(정적인 국악), 대고 글씨를 쓸 딱딱한 판, 붓펜과 흰 종이

활동방법

❶ (교수자료를 보며) 한글의 우수성에 대해 이야기 나눈다.

- (이상봉 디자이너의 한글 옷 패션쇼 중 사진을 보며) 이 옷의 무늬를 자세히 보자. 무엇인지 알겠니?
- (한글의 원리에 관한 책. 천재학습백과) 세종 대왕은 어떤 원리로 한글을 만들었을까? 오늘날의 한글은 자음 ㄱ, ㄴ, ㄷ, ㄹ, ㅁ, ㅂ, ㅅ, ㅇ, ㅈ, ㅊ, ㅋ, ㅌ, ㅍ, ㅎ과 모음 ㅏ, ㅑ, ㅓ, ㅕ, ㅗ, ㅛ, ㅜ, ㅠ, ㅡ, ㅣ의 24개 낱자들로 이루어져 있어. 자음 중 ㄱ, ㄴ, ㅁ, ㅇ, ㅅ은 목소리가 만들어지는 부분의 모양을 본뜬 거야. 예를 들어 ㄱ은 혀의 안쪽 끝 부분이 입천장에 닿는 모양을, ㄴ은 혀가 위쪽 잇몸에 닿는 모양을 본떠서 만든 것이지요. ㅏ, ㅑ, ㅓ, ㅕ 등의 모음은 하늘을 뜻하는 ·, 평평한 땅을 뜻하는 ㅡ, 꼿꼿이 서 있는 사람을 뜻하는 ㅣ를 모아서 만든 거예요. 한글은 적은 글자로도 거의 모든 소리를 표현할 수 있고, 누구나 배우기 쉽도록 체계적으로 만들어진 글자야. 그래서 세계의 학자들은 한글을 가리켜 '가장 과학적이고 합리적인 문자'이며 '인류 역사상 가장 앞선 글자'라는 칭찬을 한대. 유네스코는 1990년 '세종 대왕상'을 만들어 해마다 전 세계에서 문맹을 없애는 데 큰 역할을 한 사람에게 상

을 주고 있어. 또한, 『훈민정음』은 1997년 유네스코가 정한 세계 기록 유산에 등록되었어.

❷ 글자를 보고 여러 명이 글자를 흉내 내어 본다('정적'이며 창의적인 모방).
- 이 글자는 '아' 자네. 한솔이는 'O'를 민지는 'ㅏ'를 표현해 주었구나. 바닥에 누워서 글자 모양을 잘 흉내 내 주었어.

❸ 한 유아가 나와 판에 대고 붓펜으로 한글을 쓴다.

❹ 글자를 보고 한 명이 글자를 흉내 내어 본다('동적'이며 창의적인 모방).
- 내 몸이 붓이라고 생각하고 나와 '아'를 쓰는 것을 몸으로 보여줄 수 있는 사람 있니?
- 태현이처럼 제자리에서 뛰어오른 뒤 앉으니 마치 'ㅣ'를 쓰는 것 같구나. 잘 표현해 주었어.

❺ (무용수의 사진을 보여주며) 유아들과 함께 춤출 준비에 대해 이야기 나눈다.
- 이 무용수는 지금 너희가 보여준 춤을 무대에 올려 여러 사람이 보게 했다. 어느 나라 글자 같으니?
- 우리가 이 무용수처럼 춤을 추려면 어떤 준비물이 필요할까? 배경천, 의상 등

❻ 그림자 효과를 이용하여 춤을 춘다.
- 선생님이 너희가 몸으로 쓰는 글자가 잘 보이도록 그림자를 만들어 줄 거야. 그림자가 생기게 하려면 어떤 준비물이 필요할까?
- 흰 배경을 OHP 기계로 비추어 유아들의 몸 뒤로 그림자가 생기게 돕는다. 상황에 따라 지하에서 하거나 암막커튼을 드리워 줄 수 있다. 또한, 감상하는 다른 유아들을 위해 다시 듣는 국악을 선정해 배경음악으로 틀어준다

☞ 검색엔진 〉 한글춤 〉 이숙재 무용단

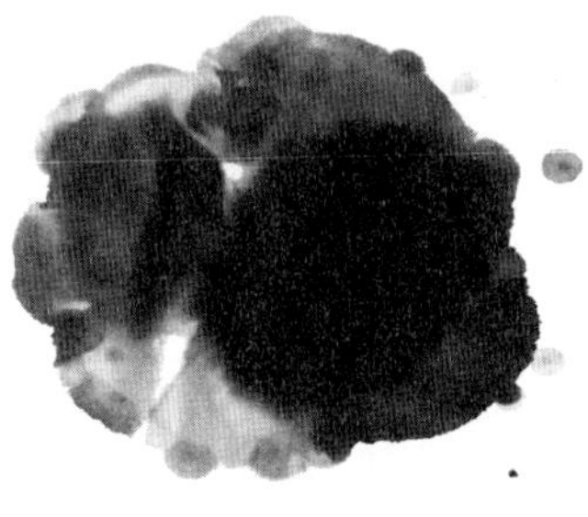

13주차

❖ 실기 복습

❖ 북 난타

실기 복습

13주차부터 15주차까지는 '함께 준비하는 유아국악교육 교수자료' 제작기간이다. 총 3주에 걸쳐, 교재를 바탕으로 고안된 유아국악교육 활동을 선정해 녹화하거나 교안을 묶어 책으로 발간하는 활동이 이뤄진다. 13주차에는 본 교재에 수록된 내용, 조사 및 토론을 통해 창작된 학생들의 교안을 통틀어 추후 교육할 때 유용한 동영상 교수자료로 남기는 작업을 한다. 조별로 각 조가 집중 연습할 국악교육활동을 선정하고 필요한 준비물을 토의한다. 여유가 있는 강의실이나 공간이 있다면 조별로 흩어져 연습하고 교수는 각 강의실을 순회하며 격려하고 조언한다.

북 난타

※ 국악발표 대신에 강의로 진행할 경우, 북 난타를 해 볼 수 있다.

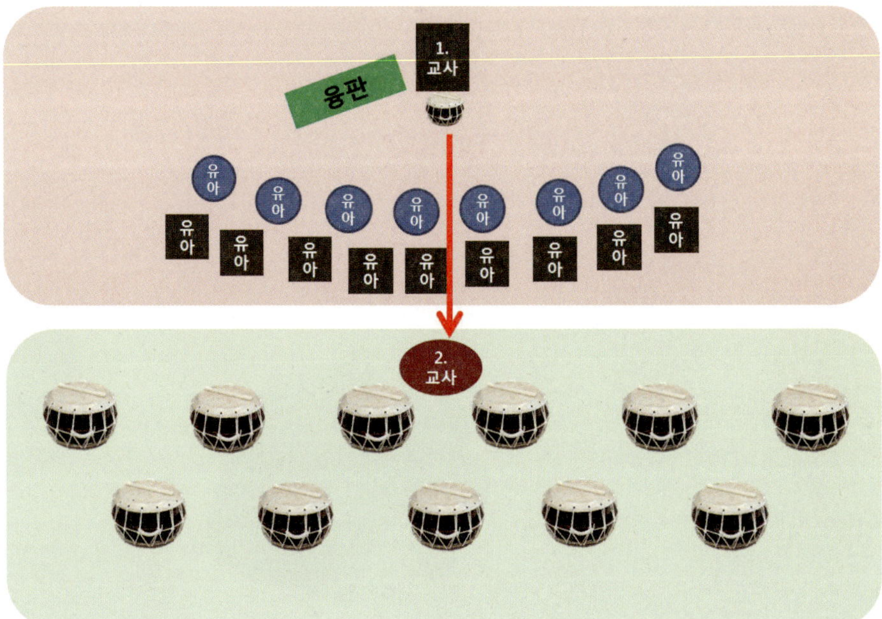

〈대형도〉

〈대형도 설명〉 교사는 위 분홍 배경에서 아이들과 이야기 나누기 및 무릎 장단치기를 익힌다. 유아들은 바로 악기를 나눠 받을 경우, 유아는 치고 싶은 욕망에 탐색할 포인트를 모르고 소리를 크게 치는 데에만 열중할 수 있다. 그리하여 위 대형도와 같이 1차시 수업 내에서, 분홍 배경에서 모여 탐색할 주요 내용에 대해 이야기 나눈 뒤에 연두 배경으로 이동한다.

(분홍 배경에 앉아 있다.)

① 자리에 앉아 책상이나 무릎을 치며 리듬을 친다.

(연두 배경으로 이동한다.)

② 교사는 첫째 단의 1, 2마디를 구음을 하며 리듬을 쳐 준다.
③ 유아들이 교사의 장단을 따라친다.
④ 교사는 첫째 단의 3, 4마디를 구음을 하며 리듬을 쳐 준다.
⑤ 유아들이 교사의 장단을 따라친다.
⑥ 교사는 첫째 단을 이어 친다.
⑦ 유아들이 교사의 장단을 따라친다.
  –두 마디씩 끊어 유아들이 따라 치게 하다가 한 줄씩 치고, 이후 두 줄, 세 줄, 그런 방식으로 처음부터 끝까지(네 줄) 다 친다.
⑧ 한 조만 북을 가지고 와서 앞의 교사를 등지고 유아들을 바라보고 앉는다.
⑨ 북을 눕혀 난타할 것임을 알린다.
  –북을 비스듬히 세우기 위해 백업(스펀지 블록)을 북의 뒷면 앞쪽에 붙인다.
  –기관 운영상 북 하나에 북채 하나가 세트이다. 그러므로 양손의 채 무게 균형을 맞추기 위해 장구채 2개, 북채 2개를 잡고 연주한다.
⑩ 교사가 시범을 보인다.
⑪ 유아들이 연주한다.
  –한 조씩 나와 연주한다. 이를 통해 유아들은 서로의 소리를 감상할 수 있고 공연을 관람한 후의 예절(박수 쳐 주기)에 대해 경험할 수 있다.

⑫ 익숙해지면 멋지게 연주하는 방법에 대해 소개한다.

–쉬는 박에 양손을 머리 위로 하여 ×로 모은다든지 하는 '발림'에 대해 소개한다.

–8분 음표가 연달아 나올 때는 크레센도(점점 더 크게)로 연주하거나 양손을 번갈아 (왼오왼오왼오왼오 왼오왼오왼오왼오) 칠 수 있음을 알린다.

–양팔을 원을 그리듯 돌리면서 연주하면, 박자도 빨라지지 않고 세게 힘껏 칠 수 있음을 알린다. / 40. 북 난타

출처: 윤명원·주태원(2004).

⑬ 북 난타의 리듬을 모두 이어 다 연주할 수도 있지만, 리듬이 복잡하여 반복된 훈련을 하지 않으면 어려울 수 있다. 북 난타의 리듬 중 잘할 수 있는 쉬운 마디만 활용하여 노래에 맞춰 반주해볼 수 있다.

–북 난타의 마지막 두 마디의 경우 리듬이 어려워 반복해 연주하기 어려우니 그 중 연주 난이도가 낮은 첫째 단(첫 번째 줄)을 반복해 연주해 본다. 북 난타는 4분의 4박자곡으로, 4분의 4박자곡이라면 모두 반주가 가능하다.

–단, 8분의 12박자의 ♩. 4분의 4박자의 ♩는 같다고 보고 연주한다.

시루떡

자진모리 장단

김재우 작사/이수인 작곡

14주차

❖ 역할 배분 및 준비

❖ 이야기가 있는 창작국악동요

역할 배분 및 준비

본격적으로 준비할 부분에 대한 역할을 배분하고 준비한다. 여유가 있는 강의실이나 공간이 있다면 조별로 흩어져 연습하고 교수는 각 강의실을 순회하며 격려하고 조언한다.

이야기가 있는 창작국악동요

동요의 경우 길이가 짧다 보니 많은 이야기를 축약해 담을 수밖에 없다. 더군다나 창작국악동요의 경우 장단과 운율을 고려해 노랫말의 축약이나 생략이 더욱 심하다. 이에 곡의 감상을 더 풍부하게 하기 위해 곡의 작사자로서 곡이 만들어지게 된 이야기를 하려 한다. 유아들에게 소개할 때 곡을 만든 사람의 의도에 대해 소개하면 곡을 부를 때 원작자의 마음을 생각하며 노래 부를 수 있다. 더 나아가 어린이들의 곡에 대한 창작 의지를 불러일으켜 줄 수 있다. 이때 교사는 유아의 창작곡을 굳이 악보화해야 하는 부담을 갖기보다는 녹음하여 노랫말과 함께 비치해 줄 수 있다. 또한, 유아들의 창작곡을 모아 음률영역에 듣기 자료로 제시해 줄 수 있다.

41. 개떡-피아노반주 C key
42. 개떡-피아노반주
43. 개떡-노래
44. 개떡-국악반주

개떡

자진모리 장단

정유나 작사/곡

노래 이야기

양평에 사시는 할머니께서 쑥을 캐 오셨다. 연한 쑥잎으로 나물을 해 주셨다. 아이들이 나물 무침을 쑥 냄새가 많이 난다며 잘 먹지 않자, 먹이고픈 마음에 아이들이 좋아하는 떡을 하시기로 하셨다. 아이들과 할머니가 함께 요리를 하며 서로 이야기 나누는 모습이 참 아름다웠다. 요리를 하면서 이야기 나눈 내용을 추려 노랫말로 만들었다. "이름이 참 재미있어요! 개~떡!", (누나가 동생에게) "이렇게. 손바닥으로 꾹꾹 눌러야 얇고 맛있는 개떡을 먹을 수 있어."

45. 가을의 노래-피아노반주 C key
46. 가을의 노래-피아노반주
31. 가을의 노래-노래
47. 가을의 노래-국악반주

가을의 노래

단모리 장단

정유나 작사/곡

노래 이야기

저자가 국립국악학교 재학시절, 『대마루 108』 책으로 국악가창을 배우며 우리나라 음악의 다른 면모를 보게 되었다. 우리나라 음악은 육성으로 구성지게 소리를 다양하게 표현하는 것으로 알고 있었는데 정가는 그런 나의 고정관념을 깨준 음악이었다. 이 곡은 그때 배운 『대마루 108』의 어느 곡에서 영감을 받아 만든 곡이다. 국악성악을 배워보기 희망하나 판소리의 다소 거친 표현에 거부감을 갖는 교사의 경우 육성과 가성이 절묘하게 어우러지는 아름다움을 경험할 수 있는 '정가'를 권한다. 정가의 입문서로는 『대마루 108』을 권한다. 악보를 읽고 부르며 해석하는 것을 '시창청음'이라고 한다. 국악에서 악보를 시창청음할 수 있도록 체계적으로 정립한 서적이나 이론은 과거에는 찾아보기 어려웠다. 이러한 이유로 대금연주자이며 작곡가이기도 하신 김기수 선생님은 국악시창청음 교육법과 서적이 없는 것을 매우 안타깝게 여기며 국악보 중 현재까지 널리 쓰리고 있는 정간보의 시창청음을 위해 『대마루 108』이라는 시창청음 책을 출간하였다. 『대마루 108』은 지금까지도 국악을 배우는 학생들이 기본소양으로 익혀두어야 하는 필독서이다.

48. 울엄마-피아노반주 C key

49. 울엄마-피아노반주

50. 울엄마-노래

51. 울엄마-국악반주

울엄마

굿거리 장단

정유나 작사/곡

노래 이야기

현재 친정 엄마가 편찮으시다. 똑똑하고 재주가 많으시던 엄마가 표현도 하지 못하고 투병 중이니 마음이 아프고 짠하다. 내가 엄마가 되어보니 엄마의 마음을 잘 헤아릴 수 있을 것 같은데, 어릴 때는 왜 엄마를 이해하지 못하고 가슴 아픈 말로 쏘아붙였는지 죄송하다. 그 미안한 마음을 말로 다하기에는 부족해 엄마께 불러 드릴 곡을 만들었다. 단순한 노랫말로 된 곡이지만 내가 엄마께 하고픈 절실한 두 마디, "감사합니다.", "미안합니다."가 들어 있다. 표준어로는 '우리 엄마'라고 표기하는 것이 바람직하나 내가 내 엄마를 일컫는 익숙한 표현인 '울엄마'로 작사하였다.

52. 친구야-피아노반주 C key
53. 친구야-피아노반주
54. 친구야-노래
55. 친구야-국악반주

친구야

정유나 작사/곡

노래 이야기

내가 우리나라 노래 형식의 매력이라고 느끼는 점은 서로 주고받으며 부르는 것이다. 모든 노래가 이와 같은 메기고 받는 형식으로 되어 있는 것은 아니나, 유아들이 서로 거울처럼 마주 보고 상호작용하며 노래 부르기에 딱 좋다. 상상해 보자. 어린 아이 둘이 또래를 서로 귀여워하며 부르는 모습을 말이다. 이 곡은 리듬, 멜로디와 노랫말이 반복된다. 서양의 오스티나토(고집스럽게 반복하는 리듬)와 달리 내 목소리를 고집하며 내는 것이 아니다. 이 곡에서 내가 친구와 다른 것은 오직 목소리 음색뿐이다. 대화를 주고받듯이 서로 바라보며 불러보는 아주 짧은 곡이다. 혹은 부모가 자녀의 이름을 넣어 눈 마주침을 하며 불러 줄 수 있다.

15주차

❖ 실기 영상 녹화

❖ 새 노래 지도용 국악 교수자료 제작

실기 영상 녹화

15주차에는 영상을 녹화할 순서를 공지하고 조별로 흩어져 연습한다. 순서대로 조별 녹화를 한다. 다 촬영된 영상은 기말고사 평가자료로 활용될 수도 있고, 나아가 졸업 후 교사가 될 학생들의 유용한 교수자료로 활용될 수 있다. 녹화 영상 CD와 더불어, 교육계획안을 모아 책으로 묶어 첨부해 줄 수 있다.

새 노래 지도용 국악 교수자료 제작

국악 가창곡 중 특히 창작국악동요는 양악 동요의 새 노래 지도 방법과 동일하게 전체 노래 지도법으로 지도 가능하다.

노랫말이 있는 가창곡은 글씨를 읽지 못하는 유아의 발달단계를 고려하여 그림과 글자가 함께 있는 자료를 준비한다. 다음은 일반 교재·교구 제작 시 주의사항(한성희·임연진, 2014)이다. 이 중 새 노래 지도 국악 교수자료 제작 시 유의해야 할 사항만을 발췌하여 정리하였다.

유의 사항	설명
적합성	유아의 발달에 맞는 교수자료인가 고민해야 한다.
안전성	교사가 새 노래 지도 후에 음률영역에 비치하여 유아들이 지속적으로 음악에 흥미를 갖게 할 수 있으므로 유아가 만지기에도 안전하도록 제작하여야 한다.
경제성	판매하고 있거나 원에 제작되어 있는 좋은 교수자료가 있다면 굳이 만들 필요가 없다. 제작 시 효과가 많이 차이가 나지 않는다면, 저렴한 재료로 구입하여 제작한다.
미적 만족감	색깔이나 디자인이 매력적이어서 미적 만족감을 주는 것이 좋다. 유아의 흥미를 끌 수 있는 교수자료여야 한다.
관리의 용이성	조작이 있는 경우 조작이 용이하고 보관하는 데 있어서 편리한 교수자료로 제작한다. 분실이 많지 않도록 여러 조각으로 만들거나 필요 이상으로 크게 제작하지 않도록 한다.

다음은 예시로 제작된 새 노래 지도용 국악 교수자료이다. 초등학교 교과서에 수록되었던 전래동요 〈꼬방꼬방〉을 지도할 경우, 다음과 같은 교수자료를 제작하여 활용할 수 있다.

꼬방꼬방

굿거리 장단 전래동요

교수자료 사진	특징 설명
	콜라주 기법을 활용하여 미적 만족감을 더했다. 잡지에서 밥 사진과 꽃 사진을 잘라내어 교수자료에 부착하였다. 근래에는 캡처나 포토샵 컴퓨터 프로그램을 통해 쉽게 자료를 구할 수 있다. ※ 콜라주란 '풀로 붙인다'는 뜻으로 1912~1913년경 브라크와 피카소 등의 입체파들이 유화의 한 부분에 신문지나 벽지, 악보들의 인쇄물을 풀로 붙였는데 이것을 '파이에 콜레'라고 부르게 된 것이다.

<table>
<tr><th>교수자료 사진</th><th>특징 설명</th></tr>
<tr><td>
</td><td>노랫말에 '풀잎을 따서'의 동적인 움직임을 위해 풀잎은 따로 붙였다 뗄 수 있도록 풀잎의 뒷면에 <u>밸크로테이프</u>를 붙여 제작하였다.

※ 밸크로테이프는 단추 대신 쓰이는 접착용 천. 일명 찍찍이, 매직테이프 등으로 불린다. 스위스 전기 기술자 조르주 드 메스트랄(George de Mestral)은 1941년에 산토끼를 발견한 사냥개를 뒤쫓아 달리다가 산우엉이 우거진 숲으로 뛰어들게 되었다. 그때 옷 여기저기에 산우엉의 씨가 붙어서 옷을 털었는데, 산우엉 씨가 잘 떨어지지 않았다. 호기심이 많은 메스트랄은 집에 돌아와서 산우엉 씨를 확대경으로 살펴보았고, 산우엉 씨(도꼬마리 씨)가 갈고리 모양으로 생겼다는 것을 발견하였다.</td></tr>
<tr><td>
</td><td>미각 외 다른 감각을 자극하기 위해 모래와 같은 실물을 부착하였다.

모래를 튼튼한 투명 봉투에 넣고 흔들어 소리를 들려주어 무엇인지 맞추게 할 수 있다. 후속 활동으로 모래를 넣은 마라카스를 만드는 조형활동을 해 보고 2차시 음률활동으로 악기를 연주해 본다.</td></tr>
</table>

참고문헌

강옥구(1999). (해외문학 현장을 찾아서) 사라 로젠탈의 잭 폴리와의 인터뷰. 경기: 시와시학.

이안태(2007). Basic 중학생의 알아야 할 사회과학 상식. 서울: (주) 신원문화사.

국립국악원(1982). 국악전집 10: 가사·시조·단가·긴잡가. 국립국악원.

교육과학기술부(2009). 유아 한국문화 정체성 교육 프로그램.

교육부(1999). 유아를 위한 전통문화 교육활동 지도자료. 교육부.

김명석(2001). 국악교육 분석연구: 국립국악원 문화학교 강습을 중심으로. 한양대학교 교육대학원.

김성신(1998). 유아 국악교육 실시 유치원 실태 및 프로그램 조사 연구. 이화여자대학교 대학원.

김희진 외(2009). 유치원 특성화 교육과정 운영을 위한 유아 전통 예술교육 프로그램. 교육과학기술부.

도훈 편집부(2014). 한국무용사전. 서울: 도훈출판사 .

문화관광부(2005). 전국 유아국악교육 실태조사 및 활성화 방안 연구. 문화관광부문화예술교육과.

박기환(1994). 국악통론. 서울: 형설출판사.

박형신(2010). 유아교사의 국악교육에 대한 학습경험과 유아국악교육 인식 및 적용실태. 열린유아교육연구.

서한범(1992). 국악통론. 태림출판사.

윤명원·주태원(2004). 교대, 사대생을 위한 국악교육지도법. 서울: 국악춘추사.

이성천(2000). 알기 쉬운 국악개론. 서울: 도서출판 풍남.

이화순(2014). 유아국아교육의 실태 및 교사인식 조사. 동의대학교.

임경애(2008). 활동중심 통합교육과정의 유아 마당극놀이 적용 가능성과 교육적 의미. 중앙대학교 박사학위논문.

장사훈(1990). 국악이론(알기 쉬운 문제와 해답). 서울: 세광음악출판사.

______(2003). 한국 전통무용연구. 서울: 일지사.

재즈피플(2007). 2007년 10월호.

정은수(2009). 중등 음악 교육을 위한 정간보법 연구. 부산대학교 석사학위논문.

조은지(2011). 마당극 놀이 활동이 유아의 사회성 및 국악 선호도에 미치는 영향. 중앙대학교 교육대학원 석사학위논문.

조윤미(2010). 함께 즐기는 유아국악교육. 서울: 창지사.

최종민(2001). 한국전통음악의 미학상상 연구. 성균관대학교 박사학위 청구논문.

한성희·임연진(2014). 영유아 교재교구 연구 및 지도. 서울: 창지사.

참고사이트

국립국악원 http://www.gugak.go.kr/

국악방송 http://www.gugakfm.co.kr/

네이버 지식백과 https://www.naver.com/

매경닷컴 https://www.mk.co.kr/

다음백과사전 https://www.daum.net/

유네스코 https://www.unesco.or.kr/

한국민족대백과사전 http://www.encykorea.aks.ac.kr/

한국어위키백과 https://www.ko.wikipedia.org/

한국문화콘텐츠닷컴 http://www.culturecontent.com/

한국콘텐츠진흥원 https://www.kocca.kr/

저자 소개

정 유 나

국립국악중학교, 국립국악고등학교 졸업

이화여자대학교 한국음악과, 유아교육과 졸업

이화여자대학교 교육대학원 교육학 석사(유아교육 전공)

고려대학교 대학원 박사과정 수료(아동학전공)

전) 어린이집 교사, 유치원 교사, 어린이집 원장으로 근무
　이화여자대학교 부속 이화유치원 국악활동 강사
　아이코리아 부속 새세대유치원 국악활동 강사
　명지대학교, 숭의여자대학교, 우송대학교, 한국교원대학교 유아교육과 강사
　유치원 종일제 방과 후 특성화프로그램 문화예술분야 심사위원 역임

현) 아이코리아 보육교사교육원 · 연수원 교수
　연성대학교 유아교육과 겸임교수로 재직

동영상으로 쉽게 이해하는

유아국악교육

초판 1쇄 인쇄 2017년 1월 20일
초판 1쇄 발행 2017년 1월 25일

지 은 이 | 정유나
펴 낸 이 | 김기섭
책임편집 | 이윤미
펴 낸 곳 | 창지사 www.changjisa.com
08589 서울시 금천구 가산디지털 1로 83 파트너스타워 1차 9층
전화(02) 719-2211~3
팩스(02) 701-9386
등 록 | 1977년 4월 28일 · 제1-421호

ISBN 978-89-426-0899-7 (93370)

값 17,000원

KOMCA 승인필

「이 도서의 국립중앙도서관 출판예정도서목록(CIP)은 서지정보유통지원시스템 홈페이지 (http://seoji.nl.go.kr)와 국가자료공동목록시스템(http://www.nl.go.kr/kolisnet)에서 이용하실 수 있습니다.(CIP제어번호: CIP2017002031)」